ALJOSCHA SCHWARZ
RONALD SCHWEPPE

Heilende Edelsteine

von Achat bis Turmalin

W0045307

Aljoscha Schwarz, Dipl. Psychologe, studierte Philosophie, Psychologie und Sprachen. Zusammen mit Ronald Schweppe veröffentlichte er bereits über 50 Bücher und wirkte als Experte bei vielen Fernseh- und Rundfunksendungen mit.

Ronald Schweppe beschäftigt sich seit 20 Jahren mit östlicher Philosophie. Heute arbeitet er unter anderem als Buchautor in den Bereichen Lebensberatung und Gesundheit.

TEIL 1

Heilende Steine

TEIL 2

39 Heilsteine

TEIL 3

Zum Nachschlagen

Ein Wort zuvor

Die Vorstellung, daß Steine, insbesondere Edelsteine, Heilkräfte haben, ist nicht neu. Edelsteine tauchen schon sehr früh in der Menschheitsgeschichte als Zaubermittel, Heilquellen, Talismane, Amulette und Fetische auf. Die Naturvölker nutzten die Heilenergien von Steinen, die alten Ägypter, Griechen und Römer setzten Edelsteine zur Heilung ein, und in der Bibel wird die göttliche Kraft und Herkunft der Edelsteine erwähnt.

Aber auch die Wissenschaft interessierte sich seit jeher für die Geheimnisse der Edelsteine. Schon Aristoteles (384 – 322) beschrieb 400 Jahre vor unserer Zeitrechnung Mineralien. Im Mittelalter verwendete die Mystikerin und Äbtissin Hildegard von Bingen (1098 – 1179) Edelsteine, um Krankheiten zu heilen.

In diesem Kompaß erfahren Sie in kurzer, praktischer Form alles Wissenwerte über die 39 wichtigsten Heilsteine: physikalisch-chemische Daten, energetische Wirkungen, interessante geschichtliche Fakten und Tips für Einkauf und Pflege sowie den Einsatz der Steine bei Hildegard von Bingen.

Wir hoffen, mit diesem handlichen Ratgeber den Edelsteininteressierten alle notwendigen Informationen an die Hand zu geben, damit sie die wohltuenden Wirkungen der heilenden Steine erfahren können.

Aljoscha Schwarz
Ronald Schweppe

So wirken Heilsteine

Die Energie, die den Steinen innewohnt, ist mit den heutigen wissenschaftlichen Methoden nicht direkt meßbar. Es handelt sich um sogenannte »feinstoffliche« Energien – Kräfte, die auf einer höheren als der rein materiellen Ebene wirksam sind. Den alten Völkern, insbesondere jenen des fernen Ostens, waren diese Energien wohlbekannt.

Eine weitere Wirkung der Edelsteine geht von den Farben aus, die sie intensiv bündeln und ausstrahlen. Wohl jeder Mensch weiß, wie bestimmte Farben auf sein Wohlbefinden wirken. Darüber hinaus beeinflussen Farben unabhängig von persönlichen Vorlieben körperliche und geistige Prozesse.

Die Wirkungen der Grundfarben

Farbe	Körperliche Wirkung	Seelische Wirkung	Beispiel
Blau	verdauungsfördernd, spannungslösend	befreiend, angstlösend	Saphir
Grün	entgiftend, regenerierend	ermutigend, harmonisierend	Smaragd
Gelb	immunstärkend, anregend	hemmungslösend, stimmungshebend	Citrin
Rot	aktivierend, stoffwechselfördernd	aphrodisierend, willensstärkend	Rubin
Klar	stärkend, reinigend	klärend, einsichtsfördernd	Diamant

Die leuchtenden Farben der Steine sind oft erst nach dem Schleifen erkennbar, viele ungeschliffene Rohsteine sehen unscheinbar aus.

Kleine Steinkunde

Fast alle Heilsteine sind Kristalle (Ausnahmen: Bernstein, Koralle, Obsidian, Opal). In Kristallen sind die Grundbestandteile, die Atome, nach einem exakten Muster ausgerichtet. Kommt ein Stein in verschiedenen Farben vor, liegt das an dem Einbau oder Einschlüsse von Stoffen wie Eisen, Kobalt oder Mangan während der Entstehung des Steines.

Alle Mineralien haben eine bestimmte Härte. Sie wird auf einer Skala von 1 bis 10, der sogenannten Moh'schen Härteskala, angegeben.

1	Mit Fingernagel leicht ritzbar	6	Mit Quarz ritzbar
2	Mit Fingernagel noch ritzbar	7	Ritzt Fensterglas
3	Mit Kupfermünze ritzbar	8	Ritzt Quarz
4	Mit Messerklinge ritzbar	9	Ritzt Topas
5	Mit Glas ritzbar	10	Ritzt jedes Material

So setzen Sie die Heilsteine ein

Mit Heilsteinen können Sie sich einfach und frei von Nebenwirkungen selbst bedenkenlos behandeln. Vor jeder Behandlung muß aber eine gute, ärztliche Diagnose stehen. Sie können mit Heilsteinen jede schulmedizinische oder alternative Heilmethode unterstützen. Dabei gibt es einige gut geeignete Möglichkeiten, Heilsteine effektiv einzusetzen:

- Hautkontakt
- Edelsteinwasser
- Edelsteinelixier
- Aufstellen einer Kristallgruppe

Hautkontakt

Bei Schmerzen an bestimmten Körperstellen den Stein so
auflegen, daß seine Energie direkt an den betroffenen Ort
strahlt. Dazu am besten **Rohsteine** oder **Trommelsteine**
(in einer Trommel abgeschliffene Rohsteine) verwenden.
Schmucksteine an einer Kette (unbedingt aus reinem
Gold) lassen sich besonders einfach tragen.
Um Chakren (siehe Seite 10) zu beeinflussen, legen Sie
Rohsteine oder Trommelsteine über das betreffende Chakra. **Handschmeichler** (Steine, die Sie bei sich tragen
und bei Bedarf in die Hand nehmen) wirken ebenfalls
über Energiezentren in den Händen.

Edelsteinwasser

Bei vielen Krankheiten können Sie **Edelsteinwasser** innerlich und äußerlich, zum Beispiel bei Haut- oder Augenproblemen, anwenden. Sie können Kompressen mit
Edelsteinwasser tränken und auch die Wirkung von Umschlägen und Wickeln verbessern, indem Sie diese statt
mit normalem Wasser mit Edelsteinwasser anfertigen.
Edelsteinwasser ist sehr leicht herzustellen: Für die Einnahme den Stein über Nacht in ein großes Glas (etwa
250 ml) mit reinem Mineralwasser ohne Kohlensäure
oder Quellwasser legen.
Für die innere Anwendungen trinken Sie das Edelsteinwasser über den Tag verteilt in kleinen Schlucken.
Für Wickel oder Umschläge mit Edelsteinwasser benötigen Sie mehr Wasser. Dazu möglichst mehrere große
Steine auswählen und über Nacht ins Wasser legen.
Bei Schmerzen und Hauterkrankungen können Sie Edelsteine für Bäder verwenden: Dazu einige nicht zu kleine
Trommelsteine in die Badewanne legen; kleine Steine
würden im Abguß verschwinden. Für das Bad nur natürliche Zusätze wie ätherische Öle, Sahne oder Honig verwenden, auf Zusätze wie Badeschaum verzichten.

Edelsteinelixier

Legen Sie den betreffenden Stein für einige Stunden in ein kleines Glas (guten) Rotwein. Von dem Elixier wird, wenn nicht anders angegeben, dreimal täglich je ein Teelöffel eingenommen. **Alkoholgefährdete Menschen, Leberkranke und Kinder sollten kein Elixier einnehmen!**

Kristallgruppe aufstellen

Um die Atmosphäre eines Raumes heilsam und angenehm zu gestalten, kann eine Edelsteingruppe aufgestellt werden – insbesondere im Schlafzimmer, Wohnbereich und im Zimmer eines Kranken oder Genesenden kann die Edelsteinenergie sehr positiv wirken und Beschwerden vorbeugen beziehungsweise abklingen lassen.

Wichtiger Hinweis für die Praxis

Ab Seite 14 werden die wichtigsten Steine vorgestellt. Eine Tabelle weist jeweils auf die besten Möglichkeiten hin, mit dem Heilstein Erkrankungen zu behandeln. So finden Sie unter »Achat« den Hinweis, Achatelixier einzunehmen, um sich vor Infektionen zu schützen, weil Achatelixier erfahrungsgemäß wirkungsvoller gegen Infektionen schützt als Achatwasser oder ein Achat-Handschmeichler. Diese Empfehlungen sind keine strenge Vorschrift!
Vertrauen Sie immer auch Ihrer Intuition. Experimentieren Sie: Tragen Sie Heilsteine als Handschmeichler mit sich, stellen Sie versuchsweise eine kleine Edelsteinpyramide an Ihren Arbeitsplatz, legen Sie einen Trommelstein unters Kopfkissen oder tragen Sie eine Edelsteinkette um Hals oder Handgelenk. Beobachten Sie dabei, was geschieht und was sich verändert. Auch wenn Menschen Heilsteine seit Jahrtausenden einsetzen und wir von diesen Erfahrungen profitieren, sollten wir trotzdem selbst herausfinden, was uns gut tut.

Sternzeichen, Chakren, Mondphasen

Bei der Beschreibung der Edelsteine finden Sie auch die Zuordnung jedes Steines zu Sternzeichen, Chakren und Mondphasen. Die Heilkräfte der Steine korrespondieren mit anderen Naturkräften, die sich auf unsere Gesundheit auswirken. Wenn wir diese Beziehungen kennen, können wir die Heilkraft der Steine noch besser und effektiver nutzen.

Sternzeichen und Steine

Wohl jeder kennt sein Sternzeichen. Das Sternzeichen gibt unter anderem darüber Auskunft, welches Organsystem bei einem Menschen besonders empfindlich reagiert (siehe die untere Grafik). Es ist daher sinnvoll, immer einen Stein bei sich zu tragen, der dem eigenen Sternzeichen entspricht. Aber auch wer beispielsweise besonders häufig unter Rückenschmerzen oder Herzbeschwerden leidet, kann mit einem passenden Stein (beispielsweise dem Chrysoberyll) Problemen vorbeugen, auch wenn Löwe nicht sein Sternzeichen ist.

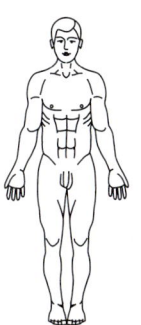

Widder	Kopf, Gehirn, Nase
Stier	Kiefer, Hals, Ohren
Zwillinge	Arme, Lunge
Krebs	Brust, Lunge, Magen
Löwe	Herz, Wirbelsäule
Jungfrau	Darm, Nerven, Milz
Waage	Hüfte, Nieren, Blase
Skorpion	Geschlechtsorgane
Schütze	Oberschenkel
Steinbock	Knochen, Haut
Wassermann	Unterschenkel
Fische	Füße

Sternkreiszeichen und ihre Heilsteine

Wassermann 21. 1. – 19. 2.	Aquamarin, Magnetit, blauer Topas, Türkis
Fische 20. 2. – 20. 3.	Amethyst, Jade, blauer Mondstein, Opal, Saphir
Widder 21. 3. – 20. 4.	Hämatit, Hyazinth, roter Jaspis, Karneol, weißer Mondstein, Rubin
Stier 21. 4. – 20. 5.	Achat, Hyazinth, Karneol, Rosenquarz, Saphir, Smaragd, Turmalin
Zwillinge 21. 5. – 21. 6.	Bernstein, Citrin, Nephrit, Tigerauge
Krebs 22. 6. – 22. 7.	Chalcedon, Chrysolith, Chrysopras, Jade, weißer Mondstein, Rosenquarz, Smaragd
Löwe 23. 7. – 23. 8.	Achat, Bergkristall, Chrysoberyll, Diamant, weißer Topas
Jungfrau 24. 8. – 23. 9.	gelber Jaspis, Tigerauge, Goldtopas
Waage 24. 9. – 23. 10.	Aquamarin, Jade, Obsidian, Prasem, Rauchquarz
Skorpion 24. 10. – 22. 11.	Granat, Hämatit, Karneol, rote Koralle, Obsidian, Sarder
Schütze 23. 11. – 21. 12.	Chalcedon, Lapislazuli, Saphir, blauer Topas
Steinbock 22. 12. – 20. 1.	Azurit, schwarze Koralle, Malachit, Onyx, Prasem, Spinell, schwarzer Turmalin

Chakren – die Energiezentren des Menschen

In Asien hat man schon vor langer Zeit erkannt, daß Gesundheit und Krankheit von einem Gleichgewicht der »feinstofflichen« Energien im Körper abhängt. So wußten die Inder bereits vor Jahrtausenden, daß sich die Energie, die durch den Körper fließt, in bestimmen Zentren sammelt – den Chakren (indisch chakra: Rad). Die Energie jedes Chakras ist dabei für bestimmte seelische, körperliche und geistige Funktionen verantwortlich. Indem man die Energie eines Chakras stärkt – z. B. mit Edelsteinen –, stärkt man auch die zugeordneten Funktionen.

CHAKRA	WESENSKRAFT	HEILSTEINE
1. Basis-chakra (Steißbein)	Innere Stärke	Bergkristall, Citrin, Diamant, Hämatit, Hyazinth, gelber Jaspis, Karneol, Onyx, Rauchquarz, Rubin, Sarder, Spinell, Turmalin
2. Sakral-chakra (Unter-leib)	Sexualität	brauner Achat, Bergkristall, Diamant, Granat, Hyazinth, Jade, gelber Jaspis, Mondstein, Onyx, Rauchquarz, Rosenquarz, Rubin, Sarder, Spinell, Tiger-auge, Topas, Turmalin
3. Nabel-chakra (Magen-grube)	Ich-Bewußtsein	roter Achat, Bergkristall, Bern-stein, Chrysoberyll, Diamant, Hyazinth, Jade, roter Jaspis, Koralle, Mondstein, Onyx, Rosenquarz, Spinell, Turmalin
4. Herz-chakra (Brustbein)	Liebe	Bergkristall, Chrysolith, Chryso-pras, Diamant, Hyazinth, Onyx, Prasem, Rubin, Smaragd, Spinell, Turmalin
5. Kehl-chakra (Hals)	Kommuni-kation	blauer Achat, Aquamarin, Berg-kristall, Chalcedon, Diamant, Hyazinth, Malachit, Nephrit, Onyx, Spinell, Turmalin
6. Stirn-chakra (über der Nase)	Intuition	Bergkristall, Diamant, Hyazinth, Lapislazuli, Obsidian, Onyx, Opal Saphir, Spinell, Turmalin, Türkis
7. Scheitel-chakra (Schädelplatte)	Spiritualität	Amethyst, Azurit, Bergkristall, Chrysopras, Diamant, Hyazinth, Magnetit, Obsidian, Onyx, Opal,

Edelsteine und der Mond

Daß der Mond unseren Körper und unsere Gesundheit beeinflußt, ist mittlerweile wieder eine wohlbekannte Tatsache. Die Energien der beiden Mondphasen wirken unmittelbar und betreffen den gesamten Organismus. Sie geben die besondere Qualität der Mondenergie an.

- Wenn der **Mond zunimmt** (von Neumond bis Vollmond: 1. und 2. Viertel), nehmen auch Körper und Seele zu: Energien, Stoffe und psychischen Einflüsse werden sehr gut aufgenommen. Die Qualität des zunehmenden Mondes entspricht dem Einatmen und Energiespeichern.
- Wenn der **Mond abnimmt** (von Vollmond bis Neumond: 3. und 4. Viertel), trennen sich Körper und Seele leichter von überflüssigem Ballast. Körper und Seele reinigen sich und befreien sich von körperlichen und seelischen Giften. Die Qualität des abnehmenden Mondes entspricht dem Ausatmen.

Der richtige Umgang mit Heilsteinen

Heilsteine als Energieträger geben nicht nur heilende Energien ab, sondern entziehen der Umgebung und dem Körper negative Energien, die sie aufnehmen. Dadurch verringert sich ihre Heilkraft und in Extremfällen auch ihr Aussehen: Sie können sich trüben, glanzlos werden oder brechen, wenn negative Kräfte nicht neutralisiert werden. Um Heilsteine von negativen Energien zu befreien (zu entladen) und ihre Heilkräfte zu regenerieren (aufzuladen), können Sie für die meisten Steine (auf Ausnahmen wird bei einzelnen Heilsteine hingewiesen) diese Regeln beachten:

- Entladen: Halten Sie den Stein jeden Tag für etwa eine Minute unter lauwarmes, fließendes Wasser. Trocknen Sie ihn mit einem Baumwolltuch ab, ohne zu reiben.

- Aufladen: Legen Sie den Stein mindestens eine Stunde lang sonnengeschützt in eine Bergkristalldruse oder in die Mitte einer Gruppe aus mindestens drei Bergkristallen. Laden Sie den Stein so oft wie möglich auf. Die Bergkristalle müssen mindestens einmal wöchentlich entladen werden.

Ihr persönlicher Stein

Es gibt viele heilkräftige Steine, und selbstverständlich können Sie nicht alle kaufen. Das wäre auch nicht sinnvoll, denn es gibt einige Steine, die für Sie persönlich besonders wirksam sind. Wie Sie »Ihre« Steine finden, hängt davon ab, wie Sie sie einsetzen wollen:

- Zur seelischen Entwicklung: Suchen Sie sich einen Stein, der dem Chakra entspricht, dessen Energie Sie stärken wollen. Legen Sie den Stein jeden Tag für eine kurze Meditation über das betreffende Chakra.
- Für das Wohlbefinden: Suchen Sie sich einen Stein, der Ihrem Sternzeichen entspricht. Tragen Sie ihn als Schmuck- oder Trommelstein stets bei sich.
- Zur Behandlung von körperlichen Leiden: Suchen Sie (mit Hilfe der Tabelle im Anhang ab Seite 92) nach Steinen, die Ihrem Problem entgegenwirken.

Am wichtigsten ist, daß der Stein, den Sie wählen, wirklich zu Ihrer Persönlichkeit paßt. Daher sollten Sie unbedingt auf Ihr Gefühl und Ihre Intuition achten, wenn Sie einen Stein kaufen: Sollten Sie sich von einem Stein sehr angezogen fühlen, ist es mit großer Sicherheit der richtige. Denn auch wenn alle Kriterien (Sternzeichen, Chakra, Heilwirkung) eines Steines auf Ihre Problematik zutreffen, Sie den Stein jedoch nicht mögen, sollten Sie ihn nicht kaufen – vertrauen Sie im Zweifelsfall also immer Ihrer Intuition und Ihrer spontanen Entscheidung!

Achat

Schon mehrere Jahrhunderte vor unserer Zeitrechnung wurde der Achat als Heilstein beschrieben, unter anderem von dem griechischen Philosophen und Naturforscher Theophrast. In der Antike war er aufgrund seiner interessanten, bei jedem Stein verschiedenen Maserungen als Schmuckstein sehr beliebt. Er wurde insbesondere für Amulette und Gemmen gern verwendet, denn er galt als Glücksstein und Liebeszauber. Das Farbenspiel des Achats kann durch Brennen noch verstärkt werden. Die ersten, die dieses Verfahren entdeckten (vor etwa 1000 Jahren) und regelmäßig einsetzten, waren vermutlich die Byzantiner.

Anwendung

wann	wie
entscheidende Lebenssituation	Stein auflegen, Achatwasser
Schwangerschaft	Stein auflegen, Achatwasser
Infektionen	Achatelixier
seelische Belastungen	Handschmeichler
Selbstzweifel	Stein auflegen

Der Achat bei Hildegard von Bingen

Hildegard von Bingen nennt den Achat als Mittel gegen Schlafstörungen und Nervosität und sagt, der Achat mache »geschickt, verständnisvoll und klug beim Reden«.

Achat
Schutzstein bei
Herausforderungen

Energie-Synergien: Sterne, Chakren, Mond

Sternzeichen	Stier, Löwe
Chakra	braune Steine: 2. Chakra (Sakralzentrum) rote Steine: 3. Chakra (Nabelzentrum) blaue Steine: 5. Chakra (Kehlzentrum)
Mondphase	zunehmend (2. Viertel)

Chemische und physikalische Eigenschaften

Zusammensetzung	SiO_2 Einlagerungen: Aluminium, Eisen, Kalzium, Magnesium
Farbe	vielfarbig (blau, braun, rot) je nach Einlagerung der Metalle
Härtegrad	6,5 – 7
Hauptvorkommen	Brasilien, Mexiko, Uruguay, USA, Deutschland, Indien, Australien

Amethyst

Die alten Griechen meinten, daß dieser Stein die Wirkungen eines Rausches mildert. Sie nannten ihn »a-methystos«, was »ohne Rausch« bedeutet. Der Stein wurde von vielen Kulturen geschätzt, weil er größere geistige Klarheit und seelische wie körperliche Standfestigkeit verleiht sowie gegen übelgesonnene übernatürliche Kräfte wirkt. Buddhisten verwenden ihn, um Meditationen zu vertiefen. Auch die Bibel kennt den Amethyst als Grundstein der offenbarten heiligen Stadt (Offenbarung 21.20) und als Teil des Priestergewandes (Mose 2, 28.19). Noch heute tragen katholische Bischöfe einen Amethysten im Bischofsring.

Anwendung

wann	wie
Nervosität, Konzentrationsstörungen	Handschmeichler
Schlaflosigkeit	Amethystelixier
Spannungskopfschmerzen	Amethystwasser
niedriger Blutdruck	Amethystwasser
Hautprobleme, Prellungen	Stein auflegen

In der Edelsteintherapie sollten Frauen »männliche« (spitze) und Männer »weibliche« (runde) Amethysten verwenden, außer wenn die geschlechtstypischen Eigenschaften noch verstärkt werden sollen.

Der Amethyst bei Hildegard von Bingen

Bei Hildegard von Bingen erscheint der Amethyst als Mittel gegen Pigment- und Altersflecken, gutartige Geschwüre und gegen Schwellungen sowie Insektenstiche.

Amethyst
für geistige Klarheit
sowie für seelische
und körperliche
Selbständigkeit

Energie-Synergien: Sterne, Chakren, Mond

Sternzeichen	Fische
Chakra	7. Chakra (Scheitelzentrum)
Mondphase	abnehmend (letztes Viertel)

Chemische und physikalische Eigenschaften

Zusammensetzung	SiO_2 Einlagerungen: Aluminium, Eisen, Kalzium, Magnesium, Lithium, Natrium
Farbe	violett
Härtegrad	7
Hauptvorkommen	Brasilien, Mexiko, Uruguay, Ceylon, Australien
Besonderheiten	»männliche« (spitze) und »weibliche« (abgeflachte) Kristallformen

Aquamarin

Der Name des hellblauen Aquamarins leitet sich vom lateinischen »aqua marina« – Meereswasser – ab. Seine klare, himmelblaue Farbe verband das Christentum mit Reinheit, insbesondere der Unbeflecktheit Marias. Lange galt der Stein daher als Mariensymbol. Die tibetische Medizin stellt aus dem Aquamarin sogenannte Juwelenpillen gegen schwere Krankheiten her.

Anwendung

wann	wie
Allergien	Aquamarinelixier
Abwehrschwäche	Aquamarinelixier
Augenprobleme	Aquamarinwasser, Kompressen auflegen
Energiemangel	Hautkontakt
Unruhe, Verwirrung, Streß	Hautkontakt

Aquamarine nie mit anderen Heilsteinen kombinieren. Am stärksten wirkt der reine, hellblaue Aquamarin – es sollte jedoch ein natürlicher sein, der nicht künstlich durch Hitze seine blaue Farbe erhalten hat.

Der Aquamarin bei Hildegard von Bingen

Bei Hildegard taucht der Aquamarin nicht direkt auf; sie spricht vom »Wasserschaum«-Beryll, der als »spuma aqua« (Wasserschaum) entsteht. Der Aquamarin heilt Streitsucht und Vergiftungen und zeigt durch Verfärbungen Wahrheit und Lüge an – wird er heller, bestätigt er die Wahrheit, wird er dunkler, verrät er den Lügner.

Aquamarin
*gibt Frieden, Har-
monie, Ausgleich*

Energie-Synergien: Sterne, Chakren, Mond

Sternzeichen	Wassermann, Waage
Chakra	5. Chakra (Kehlzentrum)
Mondphase	zunehmend (1.Viertel)

Chemische und physikalische Eigenschaften

Zusammensetzung	$Al_2Be_3(Si_6O_{18})$ Einlagerungen: Eisen, Natrium, Kalium, Nickel
Farbe	grünlich bis hellblau
Härtegrad	7,5 – 8
Hauptvorkommen	Brasilien, Sibirien, Birma, USA
Besonderheiten	Durch Erhitzen auf 450 °C verwandeln sich mitunter die grünlichen in die wertvolleren blauen Aquamarine.

Azurit

Azurit oder Kupferlasur ist ein blauer Stein, der meist zusammen mit dem chemisch verwandten grünen Malachit vorkommt. Beides sind Kupfercarbonate, die durch Verwitterung von Kupfererzen entstehen. Im Mittelmeerraum wurde der Azurit in frühgeschichtlicher Zeit zur Gewinnung von Kupfer, einem der wichtigsten Metalle der Bronzezeit (4. bis 3. Jahrtausend vor unserer Zeitrechnung), verwendet.

Schon in der Weisheit Salomons – einer Jahrtausende alten Glaubensschrift – wird ein Kupferstein erwähnt. Aller Wahrscheinlichkeit nach handelt es sich dabei um den Azurit, da König Salomon bei seiner Suche nach Weisheit diesen Stein zur Meditation verwendete – eines der Einsatzgebiete des Azurits.

Anwendung

wann	wie
seelisch-geistige Blockaden	Azuritwasser
Wachstumsstörungen, Unterstützung des Wachstums	Azuritwasser, Trommelstein
Menopause	Azuritwasser, Trommelstein
Leberprobleme, Vergiftungen	Azuritwasser, Trommelstein
Schilddrüsenleiden (Über- und Unterfunktion, Kropf)	Elixier, Trommelstein

Intensive Wirkung aufs Unterbewußtsein, fördert Wahrnehmung, Erkenntnisfähigkeit und Einfühlungsvermögen. Guter Meditationsstein. Sehr wertvoll für Kinder und Jugendliche im Wachstum und für Frauen in den Wechseljahren.
Der Azurit muß nur selten aufgeladen werden.

Azurit
für Reinigung und
Erkenntnis

Energie-Synergien: Sterne, Chakren, Mond

Sternzeichen	Steinbock
Chakra	7. Chakra (Scheitelzentrum)
Mondphase	zunehmend

Chemische und physikalische Eigenschaften

Zusammensetzung	$Cu_3(OH)_2(CO_3)_2$
Farbe	tiefblau (»azurblau«)
Härtegrad	3,5 – 4
Hauptvorkommen	Frankreich, Ural, Arizona, Australien
Besonderheiten	kommt meist gemeinsam mit dem chemisch verwandten Malachit vor

Bergkristall

Der Bergkristall ist ein reiner Quarzkristall, der dank seiner Klarheit schon immer als Symbol der Reinheit gilt. Das griechische Wort »krystallos« bezeichnete sowohl den Bergkristall, als auch Eis. Die Griechen glaubten, Bergkristalle seien versteinerte Eiskristalle. In vielen alten Kulturen überall auf der Welt wurde der Stein den Göttern geweiht. Die Ureinwohner Nordamerikas kannten ihn als Schutzstein, der vor bösen Geistern und Dämonen bewahrte.

Anwendung

wann	wie
Schmerzen nach Verletzungen	Auflegen
Herzprobleme	Elixier
Fieber	Bergkristallwasser
Entscheidungsschwierigkeiten	Handschmeichler, Bergkristallkette
problematische Lebensphase	Handschmeichler, Bergkristallkette
Phase des Zahnens bei Kleinkindern	Bergkristallkette

Einer der stärksten Heilsteine: Er fördert den gesamten Körper und Geist. Frauen sollten »männliche« (spitze) und Männer »weibliche« (runde) Bergkristalle verwenden, außer wenn geschlechtstypische Eigenschaften verstärkt werden sollen. Da er viel Energie abgibt, muß er häufig in der Sonne aufgeladen und oft entladen werden.

Der Bergkristall bei Hildegard von Bingen

Bei Hildegard wirkt er gegen die »Verdunkelung der Augen« – auch im übertragenen, seelischen Sinn.

Bergkristall
zur Klärung und
Reinigung

Energie-Synergien: Sterne, Chakren, Mond

Sternzeichen	Löwe
Chakra	alle Chakren
Mondphase	abnehmend (3. Viertel)

Chemische und physikalische Eigenschaften

Zusammensetzung	SiO_2
Farbe	klar
Härtegrad	7
Hauptvorkommen	Alpenraum, Brasilien, USA
Besonderheiten	häufigster Kristall, männliche (spitze) und weibliche (abgeflachte) Formen

Bernstein

Bernstein ist das versteinerte Harz von Nadelbäumen. Bereits die Menschen der Steinzeit kannten den Bernstein, der aufgrund seiner geringen Härte leicht zu Schmuck verarbeitet werden kann. Die Ägypter verwendeten Bernstein, um sich vor bösen Geistern zu schützen. Der Name ergibt sich aus der Brennbarkeit – Bernstein heißt eigentlich »Brennstein«.

Anwendung

wann	wie
Asthma	auf der Haut tragen, Elixier
Blasenleiden	Bernsteinwasser (innerlich)
Gastritis	Bernsteinwasser (innerlich)
Hautausschläge	Bernsteinwasser (äußerlich), Bäder
Herzbeschwerden	auf der Haut tragen, Elixier
Stoffwechselstörungen	auf der Haut tragen, Elixier

Bernstein steigert das körperliche Wohlbefinden und harmonisiert den Stoffwechsel. Entsprechend seiner organischen Herkunft strahlt er weniger elementare Urenergie, wie die Kristalle, sondern eine warme Energie aus, die sich auf Selbstvertrauen und materielle Bedürfnisse auswirkt.

Der Bernstein bei Hildegard von Bingen

Bei Hildegard wird der Bernstein (»Ligurer«) ausdrücklich bei Magen-Darmbeschwerden und Blasenleiden empfohlen.

Bernstein
bringt Erfolg und
Reichtum

Energie-Synergien: Sterne, Chakren, Mond

Sternzeichen	Zwillinge
Chakra	3. Chakra (Nabelzentrum)
Mondphase	zunehmend (1. Viertel)

Chemische und physikalische Eigenschaften

Zusammensetzung	$C_{10}H_{16}O$
Farbe	gelbbraun bis rotbraun häufig mit Einschlüssen von Insekten
Härtegrad	2 – 2,5
Hauptvorkommen	Australien, Baltikum, Birma, Grönland, Kanada, Sibirien
Besonderheiten	organischer Ursprung aus fossilem Harz von Nadelbäumen Vorsicht: Bernstein verträgt keine übermäßige Sonneneinstrahlung!

Chalcedon

Der Chalcedon wurde schon im Altertum zu Heilzwecken eingesetzt. Man kannte die Heilwirkungen des
Chalcedons auf den Halsbereich. Sein Name leitet sich
wohl von einer antiken byzantinischen Kleinstadt ab, die
für diesen Stein berühmt war. In der Bibel erscheint er als
dritter Grundstein der Mauer des neuen Jerusalem (Offenbarung 21.19).

Anwendung

wann	wie
Aggressivität	Hautkontakt, Handschmeichler
Halsentzündung, Heiserkeit	Elixier
Sprachfehler	Hautkontakt, Handschmeichler
Ängste (Lampenfieber), Alpträume	Hautkontakt, Handschmeichler
milchfördernd beim Stillen, Brustdrüsenentzündung	Chalcedonwasser

Der Chalcedon strahlt die Kraft der friedlichen, inneren Ruhe
aus, die selbst wenig sensible Menschen sofort spüren. Daher
ist er auch ein hervorragender Stein für die Meditation.

Der Chalcedon bei Hildegard von Bingen

Bei Hildegard stärkt der Stein »das Blut und schützt vor
Krankheit«. Außerdem verringert der Chalcedon Jähzorn
und Wut und fördert die Redegewandtheit.

Chalcedon
der Stein für mehr
Gelassenheit

Energie-Synergien: Sterne, Chakren, Mond

Sternzeichen	Schütze, Krebs
Chakra	5. Chakra (Kehlzentrum)
Mondphase	abnehmend (letztes Viertel)

Chemische und physikalische Eigenschaften

Zusammensetzung	SiO_2 Einlagerungen: Eisen
Farbe	weiß, graublau (gebändert)
Härtegrad	6,5 – 7
Hauptvorkommen	Uruguay, Brasilien, Indien, Madagaskar.

Die schönsten Chalcedone wurden in Namibia gefunden – doch der Stein war so beliebt, so daß die dortigen Vorkommen heute völlig erschöpft sind.

Chrysoberyll

Der Chrysoberyll ist nicht, wie sein Name nahelegt, ein Beryll, sondern ein anderes Mineral. Er ist auch keineswegs immer goldfarben (das griechische Wort »chryos« bedeutet golden). Am wertvollsten ist der Alexandrit, eine smaragdgrüne Variante des Chrysoberyll. Er war der Nationalstein des russischen Zarenreiches und ist nach dem Zar Alexander benannt. Auch der als »Katzenauge« bezeichnete Schmuckstein ist ein Chrysoberyll.

Der Chrysoberyll taucht zum ersten Mal unter diesem Namen bei Plinius dem Älteren (23 – 79) auf, einer anerkannten Autorität auf dem Gebiet der Naturwissenschaften in der Antike, in seiner großen Enzyklopädie der Naturgeschichte.

Anwendung

wann	wie
Augenprobleme	Stein auflegen, Augen mit Edelsteinwasser waschen, Kompressen
Heuschnupfen	Chrysoberyllelixier
Allergien	Chrysoberyllelixier
Pessimismus, depressive Verstimmungen	Elixier, Stein tragen
Leberkrankheiten	Chrysoberyllwasser (innerlich)
Verdauungsbeschwerden	Chrysoberyllwasser (innerlich)
Erkältungskrankheiten	Elixier, Chrysoberyllbäder

Chrysoberyll macht körperlich wie auch seelisch sehend. Er fördert das Verständnis für andere Menschen und erleichtert es, nachsichtiger mit den Fehlern anderer umzugehen.

Chrysoberyll
für mehr
Verständnis

Energie-Synergien: Sterne, Chakren, Mond

Sternzeichen	Löwe
Chakra	3. Chakra (Nabelzentrum)
Mondphase	zunehmend

Chemische und physikalische Eigenschaften

Zusammensetzung	Al_2BeO_4 Einlagerungen: Titan, (beim grünen Alexandrit: Chrom)
Farbe	goldgelb bis grünlich
Härtegrad	8,5
Hauptvorkommen	Sri Lanka, Rußland (Ural), Birma, Brasilien
Besonderheiten	Der Alexandrit ist bei künstlichem Licht rot, bei Tageslicht dunkelgrün.

Chrysolith

Der Name »Chrysolith« bedeutet »Goldstein«. Zwar ist der Stein eigentlich eher grün – doch gegen helles Licht betrachtet glänzt er fast golden. Chrysolith hat auch den Namen Olivin oder Peridot.

Die Händler der Antike machten den Stein, der früher vor allem am roten Meer gefunden wurde, in ganz Europa bekannt. Römer und Griechen trugen ihn als Schutzstein gegen böse Geister. In der Bibel ist der Chrysolith einer der Grundsteine der Stadtmauer des neuen Jerusalem (Offenbarung, 21.20).

Anwendung

wann	wie
negative Gedanken, Lebenskrisen	Elixier, Handschmeichler
Herz- und Lungenbeschwerden	Chrysolithelixier
Immunschwäche und darauf beruhende Hautprobleme (Herpes, Gürtelrose)	Chrysolithwasser (innerlich und äußerlich), Bäder
Aggression, Neid, Eifersucht	Elixier, Handschmeichler
Lebenskrisen	Handschmeichler

Chrysolith strahlt die Kraft der Freude und Heiterkeit aus, die Grundlage eines gesunden und harmonischen Geistes.

Der Chrysolith bei Hildegard von Bingen

Bei Hildegard fördert der Chrysolith die Entwicklung und hilft gegen »Herzschmerzen« – auch im übertragenen Sinn. Er gilt bei Hildegard als einer der grundlegenden Heilsteine.

Chrysolith
für mehr Heiterkeit

Energie-Synergien: Sterne, Chakren, Mond

Sternzeichen	Krebs
Chakra	4. Chakra (Herzzentrum)
Mondphase	zunehmend

Chemische und physikalische Eigenschaften

Zusammensetzung	$(Mg, Fe)_2[SiO_4]$
Farbe	grün
Härtegrad	6,5–7
Hauptvorkommen	Kanarische Inseln, GUS-Staaten, Arizona, New Mexiko, Burma, Italien, Deutschland (Eifel)
Besonderheiten	Der Chrysolith sollte vor allzu viel Sonne geschützt werden.

Chrysopras

Der Name des Steins kommt vom griechischen Wort für Gold: »chrysos«. Vermutlich wurde der Stein aufgrund seiner goldfarbenen Flecken so genannt, vielleicht auch, weil er als so wertvoll wie Gold angesehen wurde.

Der hohe Wert des Steines ist nicht nur auf seine Seltenheit zurückzuführen, sondern wahrscheinlich ebenso auf seine Heilkräfte und seine Schutzwirkung, die schon im alten Ägypten und Griechenland bekannt waren. Die Bibel nennt den Chrysopras als einen der Grundsteine in der Stadtmauer des verheißenen neuen Jerusalem (Offenbarung 21.20).

Anwendung

wann	wie
Übergewicht	Chrysopraswasser, Trommelstein
Bluthochdruck	Chrysopraswasser, Trommelstein
Arteriosklerose	Chrysopraswasser, Trommelstein
Impotenz, Infertilität	Elixier
Unruhe, Verwirrung	Handschmeichler

Der Chrysopras bei Hildegard von Bingen

Bei Hildegard hat der Chrysopras viele Wirkungen. Er soll gegen Geisteskrankheiten, gegen rheumatische Beschwerden, gegen Aggressionen und Vergiftungen helfen.

Chrysopras
*fördert die
Inspiration*

Energie-Synergien: Sterne, Chakren, Mond

Sternzeichen	Krebs
Chakra	7. Chakra (Scheitelzentrum)
	4. Chakra (Herzzentrum)
Mondphase	abnehmend

Chemische und physikalische Eigenschaften

Zusammensetzung	SiO_2
	Einlagerungen: Nickel
Farbe	apfelgrün mit goldenen Flecken
	ganz klare Chrysoprasse sind selten
Härtegrad	6,5 – 7
Hauptvorkommen	Australien, Brasilien, Südafrika, Indien,
	Schlesien (fast vollständig abgebaut)
Besonderheiten	Der Chrysopras sollte vor intensiver
	Sonne geschützt werden.

Citrin

Der Citrin aus der großen Gruppe der Quarze trägt seinen Namen natürlich aufgrund seiner Farbe. Allerdings ist er nicht wirklich zitronengelb, sondern eher blaß. Dunklere Citrine erinnern ein wenig an Bernstein. Die leuchtend gelben »Citrine«, die manchmal angeboten werden, sind meist gebrannte Amethyste, denn der Amethyst kommt häufiger vor und ist daher billiger.

In der Antike war der Citrin ein beliebter, wenn auch nicht sehr wertvoller Edelstein, der insbesondere als Schutzstein für Soldaten Verwendung fand. Aufgrund seiner Farbe war er in einigen Kulturen den jeweiligen Sonnengottheiten geweiht: In Ägypten Ra, in Rom Sol und in Indien Surya.

Anwendung

Die Heilkraft des Citrin ist nicht so sehr spezifisch: Er trägt dazu bei, die seelischen Grundlagen der Heilung zu schaffen.

wann	wie
Stoffwechselprobleme, Verdauungsstörungen	Trommelstein, Citrinwasser (innerlich)
Konzentrationsstörungen, Streß	Stein tragen, Handschmeichler
depressive Verstimmungen	Stein tragen, Handschmeichler
hormonelle Störungen	Trommelstein, Citrinwasser (innerlich)
Immunstärkung, Vorbeugung	Citrinelixier

Der Cirin aktiviert alle körperlichen und geistigen Funktionen, verleiht Selbstvertrauen und neuen Mut und schafft damit die Voraussetzung für jede Heilung.

Citrin
für mehr
Optimismus

Energie-Synergien: Sterne, Chakren, Mond

Sternzeichen	Zwillinge
Chakra	1. Chakra (Basiszentrum)
Mondphase	zunehmend

Chemische und physikalische Eigenschaften

Zusammensetzung	SiO_2 Einlagerungen: Aluminium, Eisen, Lithium, Magnesium, Natrium, Kalzium
Farbe	blaßgelb
Härtegrad	7
Hauptvorkommen	Frankreich, Spanien, USA, Brasilien
Besonderheiten	Achtung: Der echte Citrin ist in der Regel blaßgelb – leuchtend gelbe Steine sind meist gebrannte Amethyste.

Diamant

»Diamant« leitet sich von dem griechischen Wort »adamas« ab, was »unbezwingbar« bedeutet und sich auf die außerordentliche Härte des Steins bezieht, der das härteste natürliche Material ist. Diamanten, die in der Antike bekannt waren, stammten aus Indien. Bis zum 18. Jahrhundert waren nur dort Diamanten gefunden worden.

Da Diamanten so wertvoll sind, wird oft versucht, sie zu fälschen. Ein einfacher Test ist das Berühren: Da der Stein ein ausgezeichneter Wärmeleiter ist, fühlt er sich beim Berühren immer kühl an.

Anwendung

wann	wie
Geisteskrankheiten	Trommelstein auf Stirnchakra auflegen
Steinleiden	Diamantwasser (innerlich)
Immunstärkung	Diamantelixier, Hautkontakt

Der Diamant regt alle seelischen Energien an und ermöglicht, der Weisheit ein Stück näher zu kommen. Er aktiviert die Selbstheilungskräfte des Körpers und löst energetische Blockaden auf allen Ebenen auf. Er verstärkt die Energien aller anderen Steine und Heilmittel und wird deshalb häufig mit einem anderen Stein eingesetzt.

Als Heilstein muß der Diamant nicht geschliffen sein, es reicht auch ein Rohdiamant. Der Diamant muß nicht aufgeladen werden, kann aber andere Steine aufladen.

Der Diamant bei Hildegard von Bingen

Auch Hildegard kannte den Diamanten. Sie empfahl ihn unter anderem bei »boshaftem Schweigen und hartherziger Gesinnung«, bei Jähzorn und Hunger sowie auch bei Schlaganfall und Gelbsucht.

Diamant
der Weisheitsstein

Energie-Synergien: Sterne, Chakren, Mond

Sternzeichen	Löwe
Chakra	alle Chakren
Mondphase	zunehmend

Chemische und physikalische Eigenschaften

Zusammensetzung	Kohlenstoff (C)
Farbe	klar (selten auch grün, blau oder rot)
Härtegrad	10
Hauptvorkommen	Südafrika, Brasilien, Australien
Besonderheiten	Der Stein ist beständig gegenüber Säuren und Basen, verbrennt jedoch bei ca. 800 °C zu Kohlendioxid.

Granat

Um den roten Granat (von lat. granatus: gekörnt), der als sagenhafter Karfunkelstein bekannt war und dem magische Eigenschaften zugeschrieben wurden, ranken sich eine Unzahl von Legenden und Mythen. So soll er im Dunkel aus sich selbst heraus leuchten und magische Kräfte ausstrahlen. In der Zeit der Völkerwanderung und im Mittelalter war der Granat der wichtigste und beliebteste Edelstein.

Anwendung

Nur dem roten Granatstein werden die genannten Heilwirkungen zugeschrieben.

wann	wie
sexuelle Probleme	Granatelixier, Handschmeichler
Alterserscheinungen	Granatelixier, Handschmeichler
depressive Verstimmungen	Hautkontakt
Kreislaufstörungen	Granatelixier, Bäder
Rekonvaleszenz	Granatelixier, Bäder

Der (rote) Granat ist ein besonders energiereicher Stein, der dem Unterbewußtsein kraftvolle Impulse gibt und mit ihn neuen Energien auflädt. Sein legendäres »Leuchten« findet im Inneren statt: Der Karfunkelstein bringt Licht in die Seele. Bei Kindern oder Geisteskrankheiten sollte der Granat wegen seiner starken Energie nicht angewandt werden.

Der Granat bei Hildegard von Bingen

Der bei Hildegard erwähnte Karfunkelstein ist mit großer Wahrscheinlichkeit kein Granat, sondern der Rubin, da sie die außerordentliche Seltenheit besonders betont.

Granat
gibt Hoffnung

Energie-Synergien: Sterne, Chakren, Mond

Sternzeichen	Skorpion
Chakra	2. Chakra (Sakralzentrum)
Mondphase	zunehmend

Chemische und physikalische Eigenschaften

Zusammensetzung	Almandin: $Fe_3Al_2(SiO_4)_3$ (»Karfunkel-stein«) Pyrop: $Mg_3Al_2(SiO_4)_3$ Grossular: $Ca_3Al_2(SiO_4)_3$ Spessartin: $Mn_3Al_2(SiO_4)_3$)
Farbe	rot neben den roten gibt es braune, schwarze, blaue, grüne und orange Varianten
Härtegrad	6 – 7,5
Hauptvorkommen	Alpen, Sri Lanka, USA

Hämatit

Hämatit ist ein sehr eisenhaltiges, metallisch glänzendes, meist schwarzgraues Mineral. Hämatit leitet sich aus dem griechischen Wort für Blut ab; der Hämatit ist also ein »Blutstein«. Der Name bezieht sich auf eine besondere Form des Hämatits, in der sich Einlagerungen aus dunkelgrünem Chalcedon und rotem Jaspis befinden. Diese roten Jaspiseinsprengsel in dem glänzenden Stein erinnern an Blutstropfen. Außerdem färbt sich das Wasser beim Schleifen des Steines rötlich, weil er viel Eisenoxyd enthält. Früher meinte man, der Stein würde beim Schleifen bluten, und brachte den Hämatit immer mit Blut in Verbindung: So sollte er Blutungen stillen, Wunden schließen und vor Verletzungen bewahren. Er war in der Antike bei Soldaten beliebt, die ihn als Schutzstein mit in die Schlacht nahmen.

Anwendung

wann	wie
Blutergüsse, Wundheilung	Trommelstein auflegen
Blutkrankheiten, Anämien	Hämatitelixier
Resignation	Amulett
Entscheidungsschwäche	Amulett

Der Hämatit strahlt eine erdverbundene, urwüchsige Energie aus, die Mut, Entschlossenheit und Willenskraft verleiht, die man in schwierigen Lebenslagen benötigt.
Der Hämatit darf nicht unter Wasser entladen werden – zwischen Bergkristallen wird der Stein aufgeladen und dabei von negativen Ladungen gereinigt.

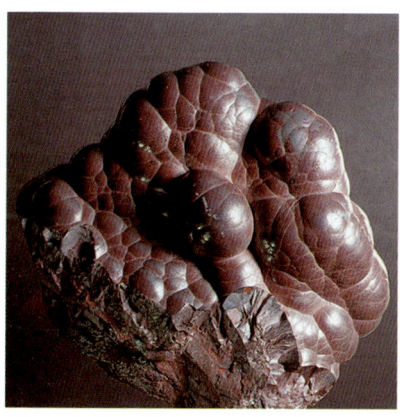

Hämatit
stärkt die
Willenskraft

Energie-Synergien: Sterne, Chakren, Mond

Sternzeichen	Skorpion, Widder
Chakra	1. Chakra (Basischakra)
Mondphase	abnehmend

Chemische und physikalische Eigenschaften

Zusammensetzung	Fe_2O_3
Farbe	schwarzgrau metallisch
Härtegrad	6,5
Hauptvorkommen	Alpenraum, Schweden, USA
Besonderheiten	Schleifwasser färbt sich rot.
	Blutroter Schimmer unterscheidet den Hämatit vom Magnetit.

Hyazinth

Der Jüngling Hyakinthos war in der griechischen Mythologie ein schöner, junger Mann, den Apollon unbeabsich-
tigt tötete. Aus seinem Blut schuf Apollon eine Blume, die
Hyazinthe, und einen Edelstein, den Hyazinth. Im Altertum war der Hyazinth so wertvoll wie der Diamant. Griechen und Römer schätzten auch seine Heilkräfte. Die
Bibel erwähnt ihn mehrfach: So werden Priestergewänder
mit Hyazinth verziert (Mose 2, 39.12), und er ist in der
Grundmauer des neuen Jerusalem enthalten (Offenbarung 21.20).
Manchmal wird der Hyazinth auch unter dem Oberbegriff »Zirkon« genannt; doch eigentlich ist nur der klare
und der rote Zirkon ein Hyazinth im engeren Sinn.

Anwendung

wann	wie
Fieber	Stein auflegen
Lebenskrise (privat, im Beruf)	Stein auflegen
depressive Stimmung	Stein auflegen
Lungenkrankheiten	Hyazinthelixier
Leberstörungen	Hyazinthwasser (innerlich)
Verdauungsstörungen	Hyazinthwasser (innerlich)

Einer der stärksten Heilsteine. Seine Energie ist reine Heilenergie, die sich bei allen Krankheiten und seelischen Leiden
positiv auswirkt und die Genesung beschleunigt.

Der Hyazinth bei Hildegard von Bingen

Bei Hildegard hilft der Hyazinth gegen Augenkrankhei-
ten, bei Verwirrtheit und Herzschmerzen – auch im übertragenen Sinn.

Hyazinth
starker Heilstein

Energie-Synergien: Sterne, Chakren, Mond

Sternzeichen	Stier, Widder
Chakra	alle Chakren
Mondphase	zunehmend

Chemische und physikalische Eigenschaften

Zusammensetzung	Zr[SiO₄]
Farbe	klar
Härtegrad	7,5
Hauptvorkommen	Australien, Sri Lanka, Norwegen, Madagaskar
Besonderheiten	Da der Hyazinth sehr spröde ist, kann er schnell durch Stöße beschädigt werden. Beim Kauf des Steines und im alltäglichen Umgang ist darauf zu achten.

Jade

Bereits im Altertum wurde Jade verarbeitet. Bei den Chinesen galt der Stein als kostbarster aller Steine und als Symbol für die menschlichen Tugenden. Aus China stammen die besonders schönen Vasen, Schalen und Statuen, die aus Jade geschnitten wurden. Auch die Ägypter und Araber verehrten die Jade – einerseits als heiligen Schutzstein, der Frieden ausstrahlt, andererseits als »Stein der Liebe«.

Die Minerale Jadeit und Nephrit werden unter dem Oberbegriff »Jade« zusammengefaßt; in der Edelsteinheilkunde wird der Nephrit jedoch von der Jade unterschieden, siehe Seite 60.

Anwendung

wann	wie
Wunden und Blutungen	Jadewasser
Vergiftung	Hautkontakt, Handschmeichler, Bäder
Nierenleiden, Nierensteine	Jadeelixier, Stein auflegen
Blasenerkrankungen	Jadeelixier, Stein auflegen
Immunschwäche, häufige Erkältungen, in Grippezeiten	Hautkontakt, Handschmeichler, Bäder
cholerisches Temperament	Hautkontakt, Handschmeichler
Bluthochdruck	Hautkontakt, Handschmeichler

Besonders für aggressive Menschen ist die beruhigende, Frieden stiftende Jade empfehlenswert.

Jade
Stein des Friedens

Energie-Synergien: Sterne, Chakren, Mond

Sternzeichen	Waage, Fische
Chakra	2. Chakra (Sakralzentrum)
	3. Chakra (Nabelzentrum)
Mondphase	abnehmend (letztes Viertel)

Chemische und physikalische Eigenschaften

Zusammensetzung	$NaAl(Si_2O_3)_2$
Farbe	hell- bis dunkelgrün, teilweise weiß oder grau gefleckt
Härtegrad	6,5–7
Hauptvorkommen	Birma (Myanmar), Tibet, Südchina, Kanada
Besonderheiten	»Jade« ist in der Edelsteinkunde nur Jadeit, obwohl auch der Nephrit mitunter als »Jade« bezeichnet wird

Jaspis

Schon im Altertum war der Jaspis, ein teils lichtdurchlässiger Stein mit Chalcedon- und Chrysoprasanteilen, bekannt. Vor allem gelbe und rötliche Steine wurden von den Schamanen und Indianern Nordamerikas als Heil- und Schutzsteine verehrt. Die alten Griechen und Ägypter setzten gelben Jaspis als Aphrodisiakum und als Schutzstein während der Geburt ein. Römer und Griechen trugen ihn, um Streit zu vermeiden. Sie empfahlen ihn Eheleuten, wenn der Haussegen schief hing. Die Bibel erwähnt den Jaspis mehrfach, etwa als Grundstein der Mauer des neuen Jerusalem (Offenbarung 21.18–19).

Anwendung

wann	wie
Darmerkrankung	Jaspiselixier
Hämorrhoiden	Jaspiselixier
Übergewicht	Jaspiselixier, Hautkontakt (Stein auf den Unterleib legen)
Wundbehandlung	Jaspiswasser
Verdauungsschwäche	Jaspiselixier, Hautkontakt (Stein auf den Unterleib legen)

Er öffnet das Herz, erhöht das Verständnis für andere Menschen und Meinungen und erleichtert den Kontakt.

Der Jaspis bei Hildegard von Bingen

Hildegard empfahl den Jaspis als Schutzstein für die Geburt. Sie setzte den Stein aber auch gegen Schwerhörigkeit, Erkältungen und Rheuma und sogar gegen Alpträume ein.

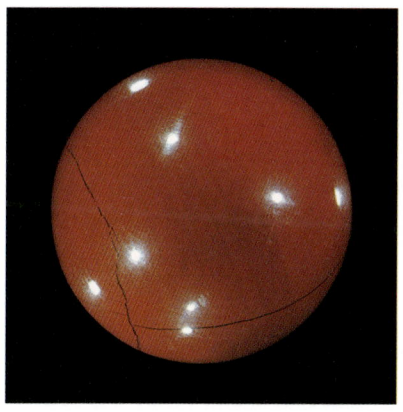

Jaspis
verbessert die
Kommunikation

Energie-Synergien: Sterne, Chakren, Mond

Sternzeichen	gelber Jaspis: Jungfrau roter Jaspis: Widder
Chakra	gelber Jaspis: 1. und 2. Chakra (Basis- und Sakralzentrum); roter Jaspis: 3. Chakra (Nabelzentrum)
Mondphase	zunehmend (2. Viertel)

Chemische und physikalische Eigenschaften

Zusammensetzung	SiO_2 Einlagerungen: Eisen, Chlor, Magnesium, Aluminium, Eisenoxid
Farbe	dunkelrot, bräunlich oder gelb
Härtegrad	7
Hauptvorkommen	Schwarzwald, Indien, USA, Ägypten

Karneol

Im Altertum galt der Karneol als besonders kostbar. Karneol bedeutet »der Fleischfarbene« (von lat. carneolus); die andere lateinische Bezeichnung corneolus bezieht sich auf die Kirschfarbe des Steins. Die Ägypter schätzten den Karneol als kraftspendend, weshalb die Pharaonen ihn als Schmuckstein trugen. Während indische Heiler Karneole einsetzten, um den Lebenswillen zu stärken, symbolisierten sie bei Griechen und Römern den Tag- und Nachtrhythmus. In der Bibel wird der Karneol als Zierstein für den Brustschild des Hohepriesters erwähnt (Mose 2, 28.20 und 39.13).

Anwendung

wann	wie
Blutarmut, Bluterkrankungen	Karneolelixier
Durchblutungsstörungen	Karneolwasser
Impotenz	Hautkontakt, Elixier
Blasen- und Prostatabeschwerden, Scheidenentzündungen	Hautkontakt, Handschmeichler, Karneolelixier

Er spendet viel Energie und Wärme, stärkt Willenskraft und Selbstsicherheit. Karneole können gut mit allen anderen Heilsteinen kombiniert werden. Es genügt, den Stein alle drei Wochen unter fließendem Wasser zu entladen.

Der Karneol bei Hildegard von Bingen

Bei Erkältungen und Nasenbluten empfahl Hildegard, einen Karneol in warmen Wein zu legen und dieses Karneolelixier zu trinken.

Karneol
stärkt den Lebens-
willen

Energie-Synergien: Sterne, Chakren, Mond

Sternzeichen	Widder, Stier, Skorpion
Chakra	1. Chakra (Basiszentrum)
Mondphase	abnehmend (letztes Viertel)

Chemische und physikalische Eigenschaften

Zusammensetzung	SiO_2 Einlagerungen: Eisen
Farbe	blutrot, orange, rotbraun (wird mit weißen oder hellen Farbbändern auch Sarder genannt – siehe Seite 78)
Härtegrad	7
Hauptvorkommen	Indien, Brasilien, Arabien, USA
Besonderheiten	Karneole sollten nicht mit künstlich geröteten Chalcedonen verwechselt werden.

Koralle

Die Koralle wurde als Schutzstein gegen das Böse und als Symbol der Liebe in vielen Kulturen verehrt. Seit jeher steht die rote Koralle für das Blut des Menschen. Alte Überlieferungen erwähnen, daß göttliches Blut zu Korallen erstarrt, sobald es ins Meer vergossen wird.

Bei den alten Ägyptern wurden Korallen als Schmucksteine getragen und als Grabbeigabe in die Gräber der Herrscher gelegt, um den Übergang in das Leben nach dem Tod zu erleichtern und Dämonen fernzuhalten. Afrikanische Medizinmänner verwenden Korallenstücke, um von Haß und bösen Geistern befallene Stammesangehörige in rituellen Zeremonien zu behandeln.

Anwendung

wann	wie
Kreislauferkrankungen	Elixier, Korallenkette
Bluthochdruck	Elixier, Korallenkette
niedriger Blutdruck	Elixier, Korallenkette
Schwindel	Elixier, Korallenkette
Herzbeschwerden, Angina pectoris	Korallenelxier, Hautkontakt
Müdigkeit, Erschöpfung	Hautkontakt, Korallenwasser (innerlich), Bäder
depressive Verstimmung	Hautkontakt, Korallenwasser (innerlich), Bäder

Vor allem rotgetönte Korallen öffnen das spirituelle Herz, strahlen die Kraft der Liebe aus und gelten als Stein der Sinnlichkeit und Zärtlichkeit.

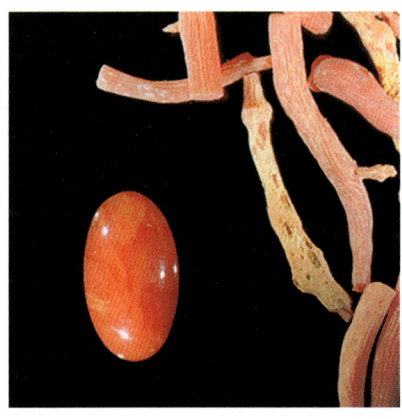

Koralle
Stein der Liebe

Energie-Synergien: Sterne, Chakren, Mond

Sternzeichen	rote Koralle: Skorpion schwarze Koralle: Steinbock
Chakra	3. Chakra (Nabelzentrum)
Mondphase	abnehmend (3. Viertel)

Chemische und physikalische Eigenschaften

Zusammensetzung	$CaCO_3$ und organische Substanzen
Farbe	rot, rosa, orange, schwarz oder weiß
Härtegrad	3 – 4
Hauptvorkommen	warmes Meerwasser in Küstennähe, Japan, Australien, Afrika, östliches Mittelmeer, Kanarische Inseln
Besonderheiten	Korallen sind Kalk-Skelette von Mee- reslebewesen. Sie sind sehr empfindlich gegen Sonne und Chemikalien.

Lapislazuli

Schon im Altertum wurde der Lapislazuli als Zierde für Schnitzarbeiten und Vasen oder in Mosaiken verwendet. Der Name leitet sich aus dem lateinischen Lapis (Stein) und dem arabischen Azul (Himmel) ab. Als mystischer Stein, der die »Macht des Himmels« also die göttliche Macht in sich birgt, wurde der Lapislazuli von den Assyrern, Griechen und Römern verehrt. Auf seinen Feldzügen trug Napoleon einen Lapislazuli bei sich, um sich vor Unglück zu schützen.

Oft werden blaugefärbte Quarze als Lapislazuli-Imitationen verkauft. Echte Lapislazuli-Steine zeigen häufig Einschlüsse von weißem Calcit oder golden glänzendem Pyrit, der unter der Lupe als Kristall zu erkennen ist.

Anwendung

Edelsteintherapeuten empfehlen heute dunkle Lapislazulis, die wesentlich heilkräftiger sein sollen als hellblaue.

wann	wie
Kopfschmerzen, Migräne	Laspislazuli auf die Stirn auflegen
Stirnhöhlenentzündung, Schnupfen	Lapislazulielixier
Augenerkrankungen, müde Augen, Star, Kurzsichtigkeit (auch im übertragenen Sinne)	Trommelsteinchen auf die geschlossenen Lider legen
Krebserkrankungen (unterstützend)	Hautkontakt
Verwirrung, Entscheidungsprobleme	Handschmeichler

Der »Himmelsstein« verleiht geistige Klarheit, ermöglicht, sich von »dunklen Mächten«, z. B. von negativen Gedanken, zu befreien.
Der Stein verliert seine Heilenergie, wenn man ihn für längere Zeit in die Sonne legt!

Lapislazuli
bringt Klarheit

Energie-Synergien: Sterne, Chakren, Mond

Sternzeichen	Schütze
Chakra	6. Chakra (Stirnzentrum)
Mondphase	abnehmend

Chemische und physikalische Eigenschaften

Zusammensetzung	$NaAlSiO_4Na_2S$
Farbe	verschiedene Blautöne
Härtegrad	5–5,5
Hauptvorkommen	Afghanistan, Chile, GUS-Staaten
Besonderheiten	Der Lapislazuli besteht im Wesentlichen aus Lasurit, einem blauen Mineral. Künstlich blau gefärbte Steine verraten sich am blauen Abrieb, wenn man sie mit Alkohol oder Aceton abwischt.

Magnetit

Der Magnetit, auch als Magneteisenstein bezeichnet, ist ein starker, natürlich vorkommender Magnet. Der Stein, dessen magnetische Eigenschaften schon vor Tausenden von Jahren bekannt war, wurde schon früh als Heilstein eingesetzt. Die alten Griechen nannten den Stein Magnetis. Sie faßten den Minuspol als weibliche, den Pluspol als männliche Energie auf und setzten den Magnetit unter anderem gegen Rheuma ein.

Die Magnetfeldtherapie wird als Heilmethode bei rheumatischen Erkrankungen, Schmerzen und Entzündungen immer beliebter. Edelsteintherapeuten bestätigen den Nutzen der Magnetite bei diesen Erkrankungen.

Anwendung

wann	wie
Zerrungen	Stein auflegen, Magnetitwasser
Muskelkrämpfe, Muskelkater	Stein auflegen, Magnetitwasser
Koliken, Schmerzzustände	Magnetitelixier, Handschmeichler
Gicht	Magnetitwasser (innerlich), Bäder
Rheuma, Arthrose, Arthritis	Magnetitwasser (innerlich), Bäder
Streß, Unruhe	Magnetitelixier

Der Magnetit harmonisiert Energie und löst bestehende Blockaden. Auf geistiger Ebene hilft der Magnetit, beweglich zu bleiben und verhindert es, daß sein Träger »festfährt«

Magnetit
verschafft mehr
Flexibilität

Energie-Synergien: Sterne, Chakren, Mond

Sternzeichen	Wassermann
Chakra	7. Chakra (Scheitelzentrum)
Mondphase	zunehmend (1. Viertel)

Chemische und physikalische Eigenschaften

Zusammensetzung	Fe_3O_4
Farbe	undurchsichtig schwarz, metallisch glänzend
Härtegrad	5,5–6,5
Hauptvorkommen	Nordschweden, Norwegen, Rumänien, Südafrika, USA, Elba, Schweiz
Besonderheiten	Einen echten Magnetit können Sie leicht an seinen magnetischen Eigenschaften erkennen. Ein Magnetit kann eine Kompaß-Nadel ablenken.

Malachit

Die Bezeichnung Malachit leitet sich vom Blattgrün der Malve ab. Der Malachit ist seit mindestens 5000 Jahren bekannt. Die Ägypter fertigten Schmuckgegenstände und Amulette aus Malachit. Den Ägyptern zufolge schenkte der Stein, der auch im Ägyptischen Totenbuch erwähnt wird, seinem Träger Glück und Harmonie. Als Heil- und Glücksstein, der innere Klarheit und Ruhe verleiht, wurde der Malachit auch von den Griechen und Römern verehrt. Schon damals wurden aus dem zu Pulver vermahlenen Stein Lidschatten und Farben hergestellt.

Anwendung

wann	wie
Rachenentzündung	Halskette, Malachitwasser (Wickel)
Angina	Halskette, Malachitwasser (Wickel)
Fettsucht, Übergewicht	Malachitelixier
Asthma, Reizhusten, Bronchitis, Pseudokrupp, Lungenentzündung	Malachitelixier, Hautkontakt, Bäder
Raucherentwöhnung	Handschmeichler, Malachitwasser
Alkohol- und Drogen-abhängigkeit	Handschmeichler, Malachitwasser

Der glücksbringende Malachit hat klärende und reinigende Wirkung. Er hilft, Wesentliches vom Unwesentlichen zu unterscheiden und die Konzentration zu stärken, etwa vor und in Prüfungen.
Der Malachit sollte immer trocken aufbewahrt und nicht mit anderen Heilsteinen kombiniert werden.

Malachit
für stärkere
Konzentration

Energie-Synergien: Sterne, Chakren, Mond

Sternzeichen	Steinbock
Chakra	5. Chakra (Kehlzentrum)
Mondphase	zunehmend (2. Viertel)

Chemische und physikalische Eigenschaften

Zusammensetzung	$Cu_2(OH)_2CO_3$
Farbe	hell- bis dunkelgrün
Härtegrad	3,5 – 4
Hauptvorkommen	Arizona, Ural (Rußland), Frankreich (Lyon), Australien, Zentralafrika
Besonderheiten	Ein Malachit ist ein weicher Stein, er zerkratzt leicht und verträgt keine Stöße, intensive Sonne, Haushalts-Chemikalien wie Essigsäure oder Zitronensaft und auch kein Wasser.

Mondstein

Der zur Gruppe der Feldspate gehörende Mondstein symbolisierte schon bei den Griechen, Römern und Arabern die Energien des Mondes. In vielen Kulturen galt er als weiblicher Stein, der Frauen Fruchtbarkeit und eine leichte Geburt schenkt.

Indianer verehrten ihn als Stein der Mütterlichkeit und Liebe. Sie trugen den Mondstein als Schutzstein gegen böse Geister. In einigen arabischen Gebieten wurde der Mondstein in die Kleidung eingenäht, um die Frauen zu schützen und mütterliche Liebe in ihnen heranreifen zu lassen – eine Tradition, die sich teilweise bis heute erhalten hat. In Europa ist er erst seit 200 Jahren bekannt. Edelsteintherapeuten empfehlen ihn heute vor allem weiblichen Patienten.

Anwendung

wann	wie
Menstruationsbeschwerden	Elixier, Trommelstein auflegen
Schwangerschaft, Geburt	Hautkontakt
Wechseljahre	Elixier, Hautkontakt, Kette
Erkrankungen der weiblichen Geschlechtsorgane	Stein auflegen, Mondsteinwasser
Diabetes	Elixier, Kette
Stoffwechselstörungen	Elixier, Kette

Der Mondstein ermöglicht, Sensibilität zu entwickeln und den Kontakt zu seinen Gefühlen herzustellen. Er kann als Stein der weiblichen Energie in bestimmten Situationen auch von Männern benutzt werden. Den Mondstein sollte möglichst im Mondlicht aufgeladen werden.

Mondstein
steht für
weibliche Energie

Energie-Synergien: Sterne, Chakren, Mond

Sternzeichen	blauer Mondstein: Fische weißer Mondstein: Krebs, Widder
Chakra	2. und 3. Chakra (Sakral- u. Nabelzentrum)
Mondphase	abnehmend (3. Viertel)

Chemische und physikalische Eigenschaften

Zusammensetzung	$K(AlSi_3O_8)$
Farbe	weiß, beige, gelblich, grau, bläulich
Härtegrad	6–6,5
Hauptvorkommen	USA, Madagaskar, Sri Lanka, Indien, Brasilien
Besonderheiten	Charakteristisch ist der opalisierende, schimmernde Glanz, dem der Stein seinen Namen verdankt.

Nephrit

Stein der Nieren, »lapis nephriticus«, nannten die Römer diesen Schutzstein gegen Nierenbeschwerden. Die Chinesen schätzten den Nephrit schon vor Tausenden von Jahren als Schmuckstein. Auch in der Mayakultur vor rund 3500 Jahren wurde der Nephrit hoch verehrt. In den Ritualen des Volkes, in denen vor allem der Regengott Chac angebetet wurde, trugen die Tänzer Nephrit- und Lapislazuliamulette. Die Maya glaubten, daß der Nephrit seinen Träger vor Verwundung schützt, weshalb er bei Kriegern besonders beliebt war. In der Bibel wird der Nephrit als Schmuckstein für den Schutzschild des Hohepriesters erwähnt (Mose 2, 28.20).

Anwendung

wann	wie
Nierenerkrankungen, Nierensteine	Nephritwasser (innerlich)
Blasenentzündung, Blasenschwäche	Elixier, Trommelstein auflegen
Bronchitis	Elixier, Nephritkette
Nervenentzündungen	Hautkontakt, Elixier, Bäder
Lungenentzündung	Elixier, Nephritkette
Ischias	Hautkontakt, Elixier, Bäder
Entzündungsprozesse	Hautkontakt, Elixier, Bäder

Der Nephrit empfiehlt sich für Menschen, die mehr Zugang zur schöpferischen Energie bekommen möchten.
Der Stein sollte nur einmal wöchentlich entladen werden.

Nephrit
fördert die
Kreativität

Energie-Synergien: Sterne, Chakren, Mond

Sternzeichen	Zwillinge
Chakra	5. Chakra (Kehlzentrum)
Mondphase	abnehmend (letztes Viertel)

Chemische und physikalische Eigenschaften

Zusammensetzung	$Ca_2(Mg,Fe)_5[(OH,F)Si_4O_{11}]_2$
Farbe	weißlich-grün bis dunkelgrün, teils gefleckt, durchscheinend bis undurchsichtig
Härtegrad	6 – 6,5
Hauptvorkommen	Mexiko, Alaska, Neuseeland, Sibirien,
Besonderheiten	Vorsicht: Nephrit kann mit Jade verwechselt werden! Im Unterschied zur Jade schimmert der Nephrit immer leicht gelblich.

61

Obsidian

Der Obsidian gehört zweifellos zu den ältesten von der
Menschheit genutzten Steinen. Ausgrabungen belegen,
daß der Obsidian bereits in der Steinzeit verwendet wurde. Seine Härte und sein scharfkantiger Bruch machten
ihn zu einem idealen Stein für Werkzeuge und Waffen.
Bei den Indianern Südamerikas wurde der Obsidian als
Stein der Reinheit und Fruchtbarkeit verehrt. Auch die
alten Griechen glaubten, daß der Stein dazu benutzt werden könnte, die Seele zu erhellen und Dunkelheit zu vertreiben, erkannten also seine reinigenden Kräfte.

Anwendung

wann	wie
Hautbeschwerden, Akne, unreine Haut,	Waschungen mit Obsidianwasser
Schuppenflechte	Waschungen mit Obsidianwasser
Neurodermitis	Waschungen mit Obsidianwasser
Arterienverkalkung	Obsidianelixier
Krebs	Hautkontakt, Trommelstein, Obsidianwasser (innerlich)
Multiple Sklerose	Hautkontakt, Trommelstein, Obsidianwasser (innerlich)
Diabetes	Hautkontakt, Trommelstein, Obsidianwasser (innerlich)
Angst vor der Zukunft, Hoffnungslosigkeit	Elixier, Handschmeichler

Obsidian hilft, sich in neuen Lebenssituationen zurechtzufin-
den und mit der Vergangenheit abzuschließen.

Obsidian
Stein der Reinigung

Energie-Synergien: Sterne, Chakren, Mond

Sternzeichen	Waage, Skorpion
Chakra	6. und 7. Chakra (Stirn- und Scheitel- zentrum)
Mondphase	zunehmend

Chemische und physikalische Eigenschaften

Zusammensetzung	magmatisches, siliziumreiches Gestein Einlagerungen: Mangan, Titan, Eisen
Farbe	halbdurchsichtig, schwarz, blau, grün
Härtegrad	5,5
Hauptvorkommen	Hawaii, Mexiko, Island, Utah (USA)
Besonderheiten	Der Obsidian ist ein vulkanisches Ge- steinsglas, das entsteht, wenn zähe Lava so schnell auskühlt, daß das Gestein nicht auskristallisieren kann.

Onyx

Schon im Altertum zählte der Onyx zu den wertvollsten und beliebtesten Steinen. Südamerikanische Schamanen und Indianer trugen den schwarzen Onyx, um sich vor Seuchen zu schützen und böse Geister zu vertreiben. Die Griechen und Römer benutzten den Onyx, um Kontakt zu den Göttern aufzunehmen und diese milde zu stimmen. Indem magische Inschriften in die Steine geritzt wurden, sollte deren Heilkraft noch gesteigert werden.

Anwendung

wann	wie
Viruserkrankungen: Grippe, Gürtelrose, AIDS (unterstützend)	Onyxelixier, Hautkontakt, Onyxkette
Kinderkrankheiten: Masern, Mumps, Windpocken, Röteln	Hautkontakt
Augenleiden, müde Augen, Augenflimmern	Kompressen mit Onyxwasser
Müdigkeit, Erschöpfung	Handschmeichler

Der Onyx hilft, zu sich selbst zu finden und körperliche oder seelische Krisen zu überwinden.
Der Onyx kann gut mit vielen anderen Heilsteinen kombiniert werden.

Der Onyx bei Hildegard von Bingen

Hildegard empfahl den Onyx bei Augenleiden – Kurz- und Weitsichtigkeit, Bindehautentzündungen usw. Sie setzte ihn aber auch gegen Wetterfühligkeit und Erschöpfung ein.

Onyx
*fördert Überwindung
und Selbstfindung*

Energie-Synergien: Sterne, Chakren, Mond

Sternzeichen	Steinbock
Chakra	alle Chakren, vor allem aber 7. Chakra (Scheitelzentrum)
Mondphase	abnehmend (3. Viertel)

Chemische und physikalische Eigenschaften

Zusammensetzung	SiO_2 Einlagerungen: Eisen, Kohlenstoff
Farbe	schwarz, oft weiß gebändert
Härtegrad	7
Hauptvorkommen	USA, Südamerika, Indien, Madagaskar
Besonderheiten	Onyx gehört zur Familie der Chalcedone. Vorsicht: Gestreiftes Kalkgestein wird oft fälschlich als Onyx bezeichnet. Es ist jedoch weniger hart.

Opal

Als Heil- und Schutzstein wurde der Opal von den Ureinwohnern Australiens vermutlich schon vor mehr als 10 000 Jahren verehrt. In Traumritualen, die den Sinn hatten, die Verbindung zu den Ahnen herzustellen, wurden unter anderem Opale benutzt.

Im alten Indien galt der Opal als Schutzstein gegen Schicksalsschläge. Er wurde auf der Haut getragen oder in die Nähe der Schlafstätte gelegt. Viele alte Völker wie die Griechen und Römer glaubten, daß Opale den Kontakt zu den Göttern herstellen könnten. Auch galt er schon damals als Stein der Liebe und des Vertrauens.

Anwendung

wann	wie
Bluterkrankungen, Anämie, Leukämie	Opalelixier
Übergewicht	Hautkontakt, Opalwasser
Magenbeschwerden, Sodbrennen	Hautkontakt, Opalwasser
Darmkatarrh, Durchfall, Verstopfung	Hautkontakt, Opalwasser
übermäßiger Alkohol- oder Nikotingenuß, leichte Vergiftungen	Opalwasser (aus schwarzem Opal!)
Ängstlichkeit, Nervosität	Hautkontakt

Der Opal gibt Kraft und Vertrauen, hilft loszulassen und den eigenen Fähigkeiten wieder mehr zu vertrauen, erleichtert die Verbindung zum höheren Selbst und vertieft die Meditation. Schwarze Opale gelten als besonders beruhigend, helle und farbige eher als leicht aktivierend.

Opal
gibt Vertrauen

Energie-Synergien: Sterne, Chakren, Mond

Sternzeichen	Fische
Chakra	6. und 7. Chakra (Stirn- u. Scheitelzentrum)
Mondphase	abnehmend

Chemische und physikalische Eigenschaften

Zusammensetzung	$SiO_2 \cdot (H_2O)n$ Einlagerungen: Magnesium, Eisen, Kalzium, Kalium, Kohlenstoff
Farbe	weiß (Milchopal), rot (Feueropal), grün, blau, schwarz
Härtegrad	5,5 – 6,5
Hauptvorkommen	Brasilien, USA, Java, Australien
Besonderheiten	Opale entstanden in Vulkangesteinen; typisch sind die regenbogenartigen Farbspiele des Edelopals.

Prasem

Der Prasem wurde bereits im Altertum als Glücksbringer getragen und als Schutzstein verehrt. Der lauchgrün gefärbte Quarz wurde im alten Griechenland als Zierstein beim Bau von Tempeln eingesetzt. Priester trugen den Stein in Form eines Amuletts am Körper, um eine heilige, schützende Atmosphäre zu schaffen und die Verbindung zur Götterwelt zu erleichtern. Auch die Indianer Süd- und Nordamerikas setzten den Stein für Rituale, aber auch bei der Verzierung von Waffen und Gebrauchsgegenständen sowie zu Heilzwecken ein.

Der Prasem wird aufgrund seiner Farbe auch Smaragdquarz oder afrikanische Jade genannt.

Anwendung

wann	wie
Fieber	Prasemwasser (innerlich und für kalte Wickel)
Bluthochdruck	Elixier, Hautkontakt
Herzbeschwerden	Elixier, Hautkontakt
Schlaganfall (vorbeugend)	Elixier, Hautkontakt
übertriebener Ehrgeiz, Streß	Handschmeichler

Der Prasem fördert Liebe und Mitgefühl und das Bewußtsein für die Gemeinschaft.
Lange Sonnenbestrahlung schädigt seine Wirkung.

Der Prasem bei Hildegard von Bingen

Hildegard beschrieb die Heilwirkungen des Prasems bei Fieber, Hautausschlägen und Verletzungen.

Prasem
*stärkt das
Mitgefühl*

Energie-Synergien: Sterne, Chakren, Mond

Sternzeichen	Steinbock, Waage
Chakra	4. Chakra (Herzzentrum)
Mondphase	abnehmend (letztes Viertel)

Chemische und physikalische Eigenschaften

Zusammensetzung	SiO_2 Einlagerungen: Magnesium, Eisen
Farbe	lauchgrün, teils schwarz gefleckt undurchsichtig Die Farbe ist abhängig von der Menge der Einschlüsse grüner Mineralien, die für den Prasem typisch sind.
Härtegrad	7
Hauptvorkommen	Südafrika, Australien, USA, Kolumbien, Venezuela

Rauchquarz

Der Rauchquarz ist eine rauchfarbene Variante des Quarzes. Er galt schon im Altertum als Symbol der Kraft, Reinheit und Lebensfreude. Da der Stein weltweit vorkommt, kannten ihn nahezu alle Völker. Die alten Griechen sahen in ihm die »erwachsene« Form des Bergkristalls. Griechen und Römern verwendeten ihn als Schutzstein, um Trauer zu überwinden und neue Kraft zu schöpfen. Die Indianer Nordamerikas beteten den Rauchquarz als Glücksstein an, der vor Dämonen und bösen Geistern bewahrte. Auch in der buddhistischen Tradition wurden Rauchquarze, die eine außergewöhnliche Klarheit ausstrahlen, gerne als Meditationsobjekte benutzt.

Anwendung

wann	wie
Schmerzen	Rauchquarzwasser
Krämpfe, Koliken	Rauchquarzwasser
Bandscheibenprobleme	Rauchquarzwasser, Trommelstein auflegen
Rückenschmerzen	Rauchquarzwasser, Trommelstein auflegen
rheumatische Schmerzen	Rauchquarzwasser, Trommelstein auflegen
Erkrankungen der Geschlechtsorgane, Unfruchtbarkeit, Impotenz	Rauchquarzelixier, Hautkontakt
depressive Verstimmungen	Handschmeichler, Elixier

Der Rauchquarz hilft, neue Kräfte zu schöpfen und mehr Lebensfreude zu entwickeln.
Laden Sie den Stein regelmäßig im Mondlicht auf. Der Stein sollte nie mit anderen Heilsteinen kombiniert werden.

Rauchquarz
schenkt Lebens-
freude

Energie-Synergien: Sterne, Chakren, Mond

Sternzeichen	Waage
Chakra	1. und 2. Chakra (Basis- und Sakralzentrum)
Mondphase	zunehmend

Chemische und physikalische Eigenschaften

Zusammensetzung	SiO_2 Einlagerungen: Aluminium, Kohlen-stoff, Natrium, Lithium
Farbe	rauchig gelb bis dunkelbraun Bestrahlung kann Rauchquarz dunkler werden lassen. Fragen Sie beim Kauf danach, ob der Rauchquarz künstlich nachgedunkelt wurde.
Härtegrad	7
Hauptvorkommen	USA, Brasilien, Australien, Alpen

Rosenquarz

Als Schutzstein wurde der Rosenquarz in vielen alten
Kulturen verehrt. In Süd- und Ostafrika galt die rosarote
Variante des Quarzes als Stein der Fruchtbarkeit. Die von
ihren Nachbarn gefürchteten Massai-Krieger schmückten
sich während ritueller Tänze unter anderem mit Rosen-
quarzen.
In der griechischen Mythologie schenkt der Liebesgott
Eros den Rosenquarz der Menschheit. Auch die Römer
sahen den damals sehr kostbaren Rosenquarz als Symbol
der Fruchtbarkeit und Liebe an. Seit jeher verkörpert er
Schönheit, Zärtlichkeit und Erotik. Im Mittelalter wurde
der rosarote »Zauberstein« als Aphrodisiakum verwendet.

Anwendung

wann	wie
Juckreiz, Hautunreinheiten Warzen, Herpes	Trommelstein auflegen, Elixier
Verbrennungen	Trommelstein auflegen, Elixier
Bulimie	Rosenquarzwasser (innerlich)
Übelkeit, Erbrechen	Rosenquarzwasser (innerlich)
Brustdrüsenentzündung, Brustschmerzen	Elixier, Hautkontakt
Brustkrebs	Elixier, Hautkontakt
Wutanfälle	Handschmeichler, Rosenquarzkette

Der Stein öffnet die Sinne, erhöht die Empfänglichkeit für
Ästhetik und Erotik und wirkt sexuell anregend.
Für die Behandlung wird vor allem der kräftig gefärbte
Madagaskar-Rosenquarz empfohlen, der jedoch nie länger
als einige Tage am Körper getragen werden sollte.

Rosenquarz
für Schönheit und
Zärtlichkeit

Energie-Synergien: Sterne, Chakren, Mond

Sternzeichen	Stier, Krebs
Chakra	3. und 4. Chakra (Nabel- und Herzzentrum)
Mondphase	zunehmend (1. Viertel)

Chemische und physikalische Eigenschaften

Zusammensetzung	SiO_2 Einlagerungen: Aluminium, Eisen, Natrium, Titanoxid
Farbe	hellrosa, leicht durchsichtig
Härtegrad	7
Hauptvorkommen	Madagaskar, USA, Brasilien, Süd- und Ostafrika Schön ausgebildete Kristalle kommen sehr selten vor und sind meist klein.

Rubin

Schon im Altertum zählte der Rubin zu den wertvollsten Schmuck- und Heilsteinen. Der Name Rubin leitet sich von dem Lateinischen (rubeus: rot) ab. Der Rubin galt bei den Griechen als Mutter aller Edelsteine und als Symbol für das Blut der Erde. Die Römer verehrten den Edelstein als Stein der Liebe und der Erotik.

Der mittelalterliche Begriff »carbunculus« (Karfunkel) bezieht sich sowohl auf den Rubin als auch auf den Granat. So ist der »Peking-Rubin« genannte Stein in der Schatzkammer des Kremls kein Rubin, sondern ein Granat. Und viele berühmte Rubine in alten Königskronen haben sich als Spinelle (siehe Seite 82) herausgestellt.

Anwendung

wann	wie
Impotenz, Frigidität, Erkrankungen der Geschlechtsorgane	Elixier, Hautkontakt, Sitzbäder
Herzprobleme	Rubinelixier, Handschmeichler, Rubinkette
Kreislaufstörungen, erhöhte Cholesterinwerte, Arteriosklerose, Durchblutungsstörungen	Rubinelixier, Handschmeichler, Rubinkette
zur Entgiftung von Blut und Leber	Rubinwasser (innerlich)

Der Rubin hilft dem Menschen, sinnlicher zu leben und mehr Bewußtsein für Schönheit und Ästhetik zu entwickeln.

Der Rubin bei Hildegard von Bingen

Der von Hildegard erwähnte Karfunkelstein ist vermutlich ein Rubin und kein Granat. Sie empfahl den Stein bei Fieber, Kopfschmerzen und Stimmungsschwankungen.

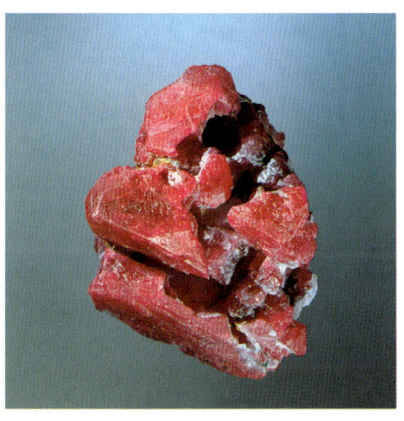

Rubin
Stein der
Sinnlichkeit

Energie-Synergien: Sterne, Chakren, Mond

Sternzeichen	Widder
Chakra	1., 2. und 4. Chakra (Basis-, Sakral- und Herzzentrum)
Mondphase	abnehmend (letztes Viertel)

Chemische und physikalische Eigenschaften

Zusammensetzung	Al_2O_3 Einlagerungen: Chromoxid
Farbe	von rosarot bis purpurrot, oft durchsichtig
Härtegrad	9
Hauptvorkommen	Zentralbirma, Thailand, Pakistan
Besonderheiten	Einige Exemplare zeigen Asterismus (sechsstrahlige Sterne im Inneren).

Saphir

Der Saphir gilt seit jeher als Stein der Herrscher und Könige. Griechen, Römer und Ägypter sahen den Saphir als Stein der Weisheit und Erkenntnis. Der Gelehrte Albertus Magnus schreibt um 1260: »Der Saphir ist von allen Steinen der heiterste. Er befreit den Sinn und erheitert das betrübte Herz.« In der christlichen Tradition, wo der Saphir die segnende Hand des Kardinals schmückt, spielt der Stein eine wichtige Rolle. Als Grundstein der Mauer des neuen Jerusalem wird er auch in der Bibel erwähnt (Offenbarung 21, 19).

Anwendung

wann	wie
Muskelkater	Saphirwasser (innerlich), Stein auflegen
Rheuma, Gicht, Gelenkschmerzen	Saphirwasser (innerlich), Stein auflegen
Appetitlosigkeit, Untergewicht	Saphirelixier
unbestimmte Ängste Alpträume Panikattacken	Hautkontakt, Saphirkette, Elixier

Der Saphir hilft, Ziele zu verwirklichen, sich durchzusetzen. Er gilt als »Stein der Herrscher« und »Stein der Macht«.

Der Saphir bei Hildegard von Bingen

Hildegard beschreibt den Saphir als Heilstein gegen Augenerkrankungen, Gicht und Schmerzen. Sie setzte den Stein auch ein, um »Besessenheit« zu heilen.

Saphir
ist der Stein der
Macht

Energie-Synergien: Sterne, Chakren, Mond

Sternzeichen	Schütze, Fische, Stier
Chakra	6. Chakra (Stirnzentrum)
Mondphase	zunehmend

Chemische und physikalische Eigenschaften

Zusammensetzung	Al_2O_3 Einlagerungen: Eisen, Chrom, Titan, Vanadium
Farbe	blau, tiefblau, grün, braun, gelb, rosa
Härtegrad	9
Hauptvorkommen	Sri Lanka, USA, Thailand, Indien, China, Queensland (Australien)
Besonderheiten	Künstliche Saphire kann ein Laie schwer von echten unterscheiden.

Sarder

Bei den Griechen und Römern galt der Sarder als Symbol für die Energie des Feuers. Er wurde als von den Göttern stammender Schutzstein verehrt. Westafrikanische Stämme trugen den Stein, dem sie eine aphrodisierende Wirkung zusprachen. Auch im alten Indien symbolisierte der Stein Potenz und Fruchtbarkeit. Unter anderem wurde er jungen Frauen als Geschenk überreicht, um in ihnen leidenschaftliche Gefühle zu wecken. In der Bibel wird der Sarder als »Sardisstein« im Zusammenhang mit dem Thron Gottes (Offenbarung 4.3) erwähnt.

Anwendung

wann	wie
Krebserkrankungen, Geschwüre	Sarderwasser (innerlich und äußerlich)
Immunschwäche	Hautkontakt
Ohrenschmerzen, Ohrensausen, Hörschwäche	Steine auflegen, Sarderelixier
Konzentrationsschwäche, Vergeßlichkeit	Sarderelixier, Handschmeichler

Mitgefühl, Zuneigung, Lebensfreude und Leidenschaft werden durch den Sarder aktiviert.

Der Sarder bei Hildegard von Bingen

Hildegard lobt den Sarder als einen vorzüglichen Heilstein gegen Migräne, Schwindel, Ohrenschmerzen und Gehörschwäche.

Sarder
weckt Gefühle
und Feuer

Energie-Synergien: Sterne, Chakren, Mond

Sternzeichen	Skorpion
Chakra	1. und 2. Chakra (Basis- und Sakralzentrum)
Mondphase	abnehmend (3. Viertel)

Chemische und physikalische Eigenschaften

Zusammensetzung	SiO_2
Farbe	braun oder rötlich mit Streifen
Härtegrad	7
Hauptvorkommen	Brasilien, USA, Indien, China, Australien
Besonderheiten	Der Sarder ist ein brauner Chalcedon.

Smaragd

Im Altertum wurden Smaragde fast ausschließlich in Ägypten gefunden. Dort galt er als Symbol für weibliche Energie und wurde mit Isis, der Göttin der Fruchtbarkeit, in Verbindung gebracht. Im alten Griechenland und später bei den Römern waren Smaragde genauso kostbar wie Diamanten. Als Heilstein wurden sie vor allem auf die Augen aufgelegt, um Augenerkrankungen zu heilen. Die Bibel kennt den Smaragd als Schmuck für den Brustschild des Hohepriesters (Mose 2, 28.17).

Anwendung

wann	wie
Gleichgewichtsprobleme	Smaragdelixier
niedriger Blutdruck	Smaragdelixier
Multiple Sklerose	Hautkontakt, Wasser (innerlich)
Epilepsie	Hautkontakt, Wasser (innerlich)
Unausgeglichenheit, Nervosität	Handschmeichler

Der Smaragd unterstützt die Heilung fast aller Erkrankungen. Er gibt Energie, wo diese benötigt wird (bei Erschöpfung) oder zieht übermäßige Energie ab (bei Nervosität). Ein guter Stein für Meditation und Entspannung.
Smaragde müssen täglich entladen werden.

Der Smaragd bei Hildegard von Bingen

Hildegard empfahl den Stein bei Erkältungen, aber auch bei Epilepsie, Schwächezuständen und Entzündungen.

Smaragd
fördert das
Gleichgewicht

Energie-Synergien: Sterne, Chakren, Mond

Sternzeichen	Krebs, Stier
Chakra	4. Chakra (Herzzentrum)
Mondphase	abnehmend (letztes Viertel)

Chemische und physikalische Eigenschaften

Zusammensetzung	$Al_2Be_3[Si_6O_{18}]$ Einlagerung: Chrom
Farbe	hell- bis dunkelgrün
Härtegrad	8
Hauptvorkommen	Kolumbien, Pakistan, Indien, Rußland, Südafrika, Brasilien
Besonderheiten	Die grüne Farbe erhält der Smaragd durch Chromeinlagerungen. Je intensiver das Grün, desto wertvoller der Stein.

Spinell

Vor allem der rote Rubinspinell wurde im Altertum oft mit dem Rubin verwechselt. Ebenso wie Rubine galten Spinelle als kostbare Glückssteine, die Liebe und Erotik symbolisierten.

Auf Sri Lanka, wo der Buddhismus stark vom Hinduismus beeinflußt wurde, verwendeten Mönche den Spinell als Meditationsobjekt. Sie glaubten, daß dieser Stein dazu geeignet wäre, das Gemüt zu beruhigen.

Erst um 1850 wurden Spinelle als eigene Gesteinsgruppe identifiziert, zuvor wurden die roten Spinelle immer als Rubine angesehen. Die in vielen Königkronen, zum Beispiel der englischen oder bayerischen Krone, verarbeiteten Rubine sind mittlerweile als Spinelle identifiziert.

Anwendung

wann	wie
Venenentzündung, Krampfadern	Spinellwasser (innerlich und kalte Waschungen), Hautkontakt
Arteriosklerose	Spinellelixier
Bluthochdruck	Spinellelixier
Fußpilz, Krätze, Soor, Warzen, Furunkel	Hautkontakt, Ketten, Bäder
Berührungsängste	Handschmeichler
Unsicherheit	Handschmeichler

Besonders rote, braune und schwarze Spinelle öffnen das Bewußtsein für das höhere Selbst. Die Steine ermöglichen es, in sich zu ruhen und mehr Selbstbewußtsein zu entwickeln. Der Spinell sollte immer wieder in die Sonne gelegt werden.

Spinell
hebt das
Selbstbewußtsein

Energie-Synergien: Sterne, Chakren, Mond

Sternzeichen	Steinbock
Chakra	alle Chakren
Mondphase	abnehmend

Chemische und physikalische Eigenschaften

Zusammensetzung	$MgAl_2O_4$ Einlagerungen: Eisen, Magnesium, Chrom
Farbe	rot, blau, grün, braun, schwarz
Härtegrad	8
Hauptvorkommen	Sri Lanka, Madagaskar, Schweden, USA
Besonderheiten	schwarzer, eisenhaltiger Spinell ist als Pleonast, roter als Rubinspinell bekannt; gelbliche und grünliche, chromhaltige Spinelle heißen Picotit

Tigerauge

Das magische Tigerauge wurde zu allen Zeiten als Schutzstein verehrt und als Schmuckstein geschätzt. Bei den Arabern galt das Tigerauge als Stein der Entschlossenheit und Männlichkeit. Sie nutzten ihn bei schwierigen Entscheidungen. An polierten Steinen zeigen sich wandernde Lichtschimmer – möglicherweise ein Grund dafür, warum das Tigerauge von Griechen und Römern als Symbol des Lichts und der Freude getragen wurde. Im Mittelalters wurde der Stein eingesetzt, um dunkle Mächte zu vertreiben und sich vor Dämonen zu schützen.

Anwendung

wann	wie
Impotenz	Hautkontakt
Prostatabeschwerden, Hodenerkrankungen, Krebserkrankungen der männlichen Geschlechtsorgane	Tigerauge-Wasser (innerlich), Handschmeichler
Rheuma, Arthritis, Arthrose, Hexenschuß, Ischias, Osteoporose, Rückenschmerzen, Gelenkschmerzen, Sehnenscheidenentzündung	Tigerauge-Elixier, Hautkontakt, Ketten oder Anhänger, Bäder
Hoffnungslosigkeit, Depression	Handschmeichler

Obwohl das Tigerauge vor allem bei Männerkrankheiten eingesetzt wird, ist er auch Frauen mit Problemen und Schmerzen im Bereich der Gelenke und des Rückens zu empfehlen. Der Stein erhöht die Willenskraft, steigert die Konzentration und löst Energieblockaden.

Tigerauge
steht für
männliche Energie

Energie-Synergien: Sterne, Chakren, Mond

Sternzeichen	Zwilling, Jungfrau
Chakra	2. Chakra (Sakralzentrum)
Mondphase	zunehmend (2. Viertel)

Chemische und physikalische Eigenschaften

Zusammensetzung	SiO_2
Farbe	braun, golden schimmernd
Härtegrad	7
Hauptvorkommen	Südafrika, Australien, USA, Pakistan, Indien
Besonderheiten	Durch Hornblendeasbestfasern zeigt sich bei passendem Lichteinfall ein Streifen – der »Katzenaugeneffekt«.

Topas

In der biblischen Tradition wird der Topas hoch ein-
geschätzt und oft genannt: Mose 2, 28.17; Hiob 28.19,
Offenbarung 21.20. Im Altertum war der Topas ein wich-
tiger Glücks- und Schutzstein, der Macht und Freiheit
symbolisierte. Die Weisen im alten Indien verehrten ihn
als Lichtbringer und benutzten ihn zur Meditation und
beim Lesen heiliger Texte.

Anwendung

wann	wie
Allergien, Heuschnupfen, Asthma	Topaswasser
Abwehrschwäche, Rekonvaleszenz, Magersucht	Goldtopas: Elixier, Hautkontakt
Gicht	weißer Topas: Hautkontakt
Stoffwechselstörungen	weißer Topas: Hautkontakt
Aphten, Zahnfleischentzündung, Mandelentzündung, Kehlkopfentzündung, Heiserkeit	blauer Topas: Topaswasser gurgeln, Halskette

Der Topas reinigt und erneuert, schützt vor Manipulation
und trägt dazu bei, alte, schädliche Gewohnheiten aufzuge-
ben.
Topase nie in die Sonne legen, sie können ausbleichen!

Der Topas bei Hildegard von Bingen

Hildegard empfiehlt den Topas gegen Vergiftungen und
Entzündungen, als blutreinigenden Stein, der auch einer
Übersäuerung des Blutes entgegenwirkt.

Topas
gibt Freiheit

Energie-Synergien: Sterne, Chakren, Mond

Sternzeichen	blauer Topas: Schütze, Wassermann; weißer Topas: Löwe; Goldtopas: Jungfrau
Chakra	2. Chakra (Sakralzentrum)
Mondphase	abnehmend

Chemische und physikalische Eigenschaften

Zusammensetzung	$Al_2(F_2/SiO_4)$
Farbe	farblos, weiß, blau, gelb
Härtegrad	8
Hauptvorkommen	Sri Lanka, Ural, USA, Brasilien, Indien
Besonderheiten	Der gelbe Goldtopas entsteht durch Eisen-, der blaue Topas durch Lithium- und Chromeinlagerungen. Stöße, Schläge und Sonne verträgt der Topas nicht.

Türkis

Die alten Ägypter verehrten den Türkis als Stein der Weisheit. Der türkisblaue Stein gilt bei den Pueblo-Indianern und anderen Stämmen im Südwesten Amerikas als heiliger Schutzstein. Bei öffentlichen Zeremonien und Regentänzen wurde der »Stein des Wassers und des Himmels« ebenso getragen, wie zur Vertreibung böser Geister. Noch heute sind Türkise Bestandteil zahlreicher traditioneller Indianerschmuckstücke.

In der tibetischen Tradition wurde der Türkis in der Meditation und beim Gebet eingesetzt, um Wissen und Einsichten zu vermitteln. Der Bibel erwähnt den Türkis mehrmals (Mose 2, 28.20; 39,11; Ezechiel 28,13).

Anwendung

wann	wie
Lungenerkrankungen, Bronchitis, Reizhusten, Asthma	Türkiswasser (innerlich)
Hautreizungen, Sonnenbrand	Hautkontakt, Türkiselixier
Ekzeme, Neurodermitis	Hautkontakt, Türkiselixier
Schwangerschaftsbeschwerden, Menstruationsbeschwerden, Krämpfe,	Stein auflegen, Bäder, Ketten
Angst, Unsicherheit, Alpträume	Handschmeichler
Flugangst, Seekrankheit	Handschmeichler

Der Türkis schenkt mehr Selbstsicherheit. Vor allem für »geistig Arbeitende« empfehlenswert.
Türkise trocken aufbewahren, einmal pro Woche entladen. Nicht in die Sonne legen.

Türkis
verschafft
Wissen und Einsicht

Energie-Synergien: Sterne, Chakren, Mond

Sternzeichen	Wassermann
Chakra	5. und 6. Chakra (Kehl- und Stirnzentrum)
Mondphase	zunehmend (2. Viertel)

Chemische und physikalische Eigenschaften

Zusammensetzung	$CuAl_6[(OH)_2/PO_4]_4 \cdot H_2O$
Farbe	türkisblau
Härtegrad	5–6
Hauptvorkommen	Iran (Nishapur), China, Tibet, Mexiko, Arizona
Besonderheiten	Durch starke Sonneneinstrahlung kann der Türkis grün werden. Der Türkis verwandelt seine Farbe auch durch häufigen Kontakt mit Fetten wie Sonnenöl oder Hautcreme.

Turmalin

Es gibt zahlreiche verschiedene Turmaline mit unterschiedlichen Farben. Die gläsernen Edelsteine wurden in der Antike als Schmuckstücke geschätzt und als Schutz- und Glückssteine verehrt. Ebenso wie bei den Ägyptern, stellt der Stein auch für die amerikanischen Schamanen und Indianern die Verbindung zu höheren Wesen her. In Europa kannte man den Turmalin erst, seit holländische Seeleute ihn mitbrachten. Er wurden im Mittelalter getragen, um sich vor Verhexung zu schützen.

Anwendung

wann	wie
Übergewicht	roter und brauner Turmalin: Turmalinwasser einnehmen
Darmerkrankung, Durchfall, Verstopfung, Morbus Crohn	roter und brauner Turmalin: Turmalinwasser einnehmen
Infektionen, Blasen-, Lungenentzündung, Gürtelrose	blauer, grüner und schwarzer Turmalin: Hautkontakt Elixier
Grippe, Kinderkrankheiten	blauer, grüner und schwarzer Turmalin: Hautkontakt, Elixier
Hepatitis	schwarzer Turmalin: auflegen
Vergeßlichkeit, Gedächtnis- und Konzentrationsstörungen, Alzheimer-Krankheit	alle Farben: Hautkontakt, Kette

Die unterschiedlich gefärbten Steine erweitern das Bewußtsein, schützen vor Abhängigkeit und Manipulation. Turmaline ab und an in der Sonne aufladen.

Turmalin
schenkt Gelassenheit

Energie-Synergien: Sterne, Chakren, Mond

Sternzeichen	Stier, schwarzer Turmalin: Steinbock
Chakra	alle Chakren
Mondphase	abnehmend (3. Viertel)

Chemische und physikalische Eigenschaften

Zusammensetzung	(Na, Li, Ca) (Fe, Mg, Mn, Al)$_3$Al$_6$ [(OH)$_4$/(BO$_3$)$_3$/Si$_6$O$_{18}$]
Farbe	grün, rot, schwarz, blau, lila, durchscheinend
Härtegrad	7–7,5
Hauptvorkommen	Brasilien, Namibia, Madagaska, Moçambique, USA, Pakistan, Sri Lanka
Besonderheiten	Roter Turmalin wird Rubellit, gelber Dravit, farbloser Achroit, blauer Indigolith, schwarzer Schörl genannt.

Beschwerden und ihre Heilsteine

BESCHWERDEN	HEILSTEINE
Abwehrschwäche, Schutz vor Infektionen	Aquamarin, Chrysolith, Citrin, Diamant, Goldtopas, Jade, Sarder
Aggressivität, Wutanfälle	Chalcedon, Chrysolith, Jade, Rosenquarz
AIDS (unterstützend)	Chrysolith, Lapislazuli, Onyx
Akne	Obsidian
Alkohol- und Nikotin-entwöhnung	Malachit, Opal (Vorsicht: Nicht als Elixier verwenden!)
Allergien, Heuschnupfen	Aquamarin, Chrysoberyll, Topas
Alpträume	Chalcedon, Jaspis, Saphir, Türkis
Alterserscheinungen, Altersschwäche	Granat, Tigerauge
Angina pectoris	Koralle, Bernstein, Prasem
Angst	Chalcedon, Obsidian, Opal, Saphir, Türkis
Aphten, Zahnfleisch-entzündung	Topas
Appetitlosigkeit, Untergewicht	Saphir, Goldtopas
Arteriosklerose	Chrysopras, Rubin, Spinell
Arthritis, Arthrose	Magnetit, Tigerauge
Asthma	Bernstein, Malachit, Topas, Türkis
Augenflimmern, müde Augen	Aquamarin, Chrysoberyll, Hyazinth, Lapislazuli, Onyx
Bandscheibenschäden	Rauchquarz
Blasenerkrankungen	Bernstein, Jade, Karneol, Nephrit, Turmalin (schwarz oder blau)
Bluthochdruck	Chrysopras, Spinell
Blutdruck, zu niedrig	Amethyst, Koralle, Smaragd

BESCHWERDEN	HEILSTEINE
Blutergüsse	Hämatit
Blutkrankheiten, Blutarmut	Hämatit, Karneol, Opal
Bronchitis	Malachit, Nephrit, Türkis
Brustdrüsenentzündungen, Stillzeit	Chalcedon, Rosenquarz
Brustschmerzen, Brusterkrankungen, Brustkrebs	Chalcedon, Rosenquarz, Lapislazuli
Chronische Erkrankung	Obsidian, Smaragd
Darmerkrankungen	Hyazinth, Jaspis, Opal, Turmalin (rot und braun)
Depression, depressive Verstimmung	Chrysoberyll, Citrin, Granat, Hyazinth, Koralle, Rauchquarz, Tigerauge
Diabetes	Mondstein, Obsidian
Drogenabhängigkeit	Malachit
Durchblutungsstörungen	Karneol, Rubin
Entscheidungsschwäche	Bergkristall, Hämatit, Lapislazuli
Epilepsie	Smaragd
Erbrechen, Übelkeit	Rosenquarz
Erkältung	Chrysoberyll, Jade, Jaspis, Lapislazuli, Nephrit
Erkrankung der männlichen Geschlechtsorgane	Karneol, Tigerauge, Rauchquarz, Rubin
Erkrankung der weiblichen Geschlechtsorgane	Karneol, Mondstein, Rauchquarz, Rubin
Erschöpfung	Koralle, Onyx, Smaragd
Fußpilz	Spinell
Geschwüre	Sarder, Amethyst
Gicht	Magnetit, Saphir, weißer Topas
Gürtelrose	Chrysolith, Onyx, Turmalin (blau, grün, schwarz)

BESCHWERDEN	HEILSTEINE
Halsschmerzen, Heiserkeit, Mandelentzündung	Chalcedon, Topas (blau), Malachit
Hämorrhoiden	Jaspis
Hauterkrankungen, Ausschläge, Ekzeme	Amethyst, Bernstein, Chrysolith, Obsidian, Rosenquarz, Türkis
Herpes	Chrysolith, Rosenquarz
Herzerkrankungen, Infarkt (Nachbehandlung), nach Herzoperationen	Koralle, Rubin, Prasem, Bergkristall, Bernstein, Chrysolith, Chrysopras, Granat
Hexenschuß	Tigerauge
Impotenz	Chrysopras, Karneol, Rauchquarz, Rubin, Tigerauge
Ischias	Nephrit, Tigerauge
Juckreiz	Rosenquarz, Türkis
Kinderkrankheiten: Masern, Windpocken, Röteln, Mumps	Onyx, Turmalin (blau, grün, schwarz)
Koliken, Krämpfe	Bergkristall, Magnetit, Rauchquarz, Saphir, Tigerauge, Türkis
Konzentrationsstörungen	Malachit, Citirn, Amethyst, Sarder, Turmalin
Kopfschmerzen	Amethyst, Lapislazuli, Sarder, Rubin
Krampfadern	Spinell
Krebserkrankungen	Obsidian, Lapislazuli, Rosenquarz, Sarder, Tigerauge
Kreislaufstörungen	Granat, Karneol, Koralle, Rubin
Lebererkrankungen	Azurit, Chrysoberyll, Hyazinth, Jaspis, Rubin
Leukämie	Karneol, Opal
Lungenentzündung	Nephrit, Turmalin
Magenbeschwerden, Gastritis	Bernstein, Opal

BESCHWERDEN	HEILSTEINE
Magersucht, Bulimie	Goldtopas, Saphir
Menstruations-beschwerden	Mondstein, Türkis
Migräne	Lapislazuli, Sarder
Müdigkeit	Koralle, Onyx, Smaragd
Multiple Sklerose	Obsidian, Smaragd
Muskelkater	Amethyst, Magnetit, Saphir
Nervosität, innere Unruhe	Amethyst, Aquamarin, Chrysopras, Smaragd
Neurodermitis	Obsidian, Türkis
Nierenleiden, Nierensteine	Jade, Nephrit
Ohrenbeschwerden, Hörschwäche	Sarder
Panikattacken	Saphir
Pessimismus, negatives Denken	Chrysoberyll, Chrysolith, Lapislazuli, Rosenquarz
Pseudokrupp	Malachit
Reizhusten	Malachit, Türkis
Rekonvaleszenz	Granat, Koralle, Goldtopas, Rubin
Rheuma	Magnetit, Rauchquarz, Saphir, Tigerauge
Rückenschmerzen	Chrysoberyll, Rauchquarz, Tigerauge
Schilddrüsenleiden	Azurit
Schlaflosigkeit	Amethyst
Schlaganfall	Diamant, Prasem
Schmerzen	Bergkristall, Magnetit, Rauchquarz, Saphir, Tigerauge, Türkis
Schnupfen, Erkältung, Stirnhöhlenentzündung	Chrysoberyll, Jade, Jaspis, Lapislazuli, Nephrit

BESCHWERDEN	HEILSTEINE
Schuppenflechte	Obsidian
Schwindel	Koralle, Sarder, Smaragd
Seelische Lebenskrisen	Chrysolith, Hyazinth
Sehnenscheiden-entzündung	Tigerauge
Sehschwäche	Lapislazuli
Sexuelle Probleme	Granat, Rosenquarz, Rubin, Chrysopras
Steinleiden, Nierensteine, Blasensteine, Gallensteine	Jade, Nephrit, Bernstein
Stoffwechselstörungen	Topas (weiß)
Streß	Aquamarin, Citrin, Magnetit, Prasem
Übergewicht, Fettsucht	Chrysopras, Jaspis, Malachit, Opal, Turmalin (braun und rot)
Unfruchtbarkeit	Chrysopras, Rauchquarz
Unsicherheit	Spinell, Türkis
Venenentzündungen	Spinell
Verbrennungen	Rosenquarz, Türkis
Verdauungsbeschwerden	Chrysoberyll, Citrin, Hyazinth, Jaspis, Opal
Vergeßlichkeit	Sarder, Turmalin
Verwirrung	Aquamarin, Chrysopras, Hyazinth, Lapislazuli, Saphir
Viruserkrankungen	Onyx
Wachstumsstörungen	Azurit
Warzen	Rosenquarz, Spinell
Wechseljahre, Menopause	Azurit, Mondstein
Wunden	Bergkristall, Hämatit, Jade
Zerrung, Verstauchung	Amethyst, Magnetit, Saphir